U0948667

本书由
中央高校建设世界一流大学（学科）
和特色发展引导专项资金
资助

中南财经政法大学“双一流”建设文库

创|新|治|理|系|列|

风险信息披露研究

王雄元 著

中国财经出版传媒集团
中国财政经济出版社

图书在版编目（CIP）数据

风险信息披露研究／王雄元著．-- 北京：中国财政经济出版社，2019．12

（中南财经政法大学“双一流”建设文库．创新治理系列）

ISBN 978－7－5095－9360－8

Ⅰ．①风…　Ⅱ．①王…　Ⅲ．①会计分析　Ⅳ．①F231．2

中国版本图书馆 CIP 数据核字（2019）第 240190 号

责任编辑：孙　琛　　　　　　责任校对：徐艳丽

封面设计：陈宇琰

风险信息披露研究

FENGXIAN XINXI PILU YANJIU

中国财政经济出版社 出版

URL：http：//www．cfeph．cn

E－mail：cfeph＠cfemg．cn

社址：北京市海淀区阜成路甲 28 号　邮政编码：100142

营销中心电话：010－88191537

北京财经印刷厂印装　各地新华书店经销

787×1092 毫米　16 开　12．5 印张　200 000 字

2019 年 12 月第 1 版　2019 年 12 月北京第 1 次印刷

定价：57．00 元

ISBN 978－7－5095－9360－8

（图书出现印装问题，本社负责调换）

本社质量投诉电话：010－88190744

打击盗版举报热线：010－88191661　QQ：2242791300

总 序

“中南财经政法大学‘双一流’建设文库”是中南财经政法大学组织出版的系列学术丛书，是学校“双一流”建设的特色项目和重要学术成果的展现。

中南财经政法大学源起于1948年以邓小平为第一书记的中共中央中原局在挺进中原、解放全中国的革命烽烟中创建的中原大学。1953年，以中原大学财经学院、政法学院为基础，荟萃中南地区多所高等院校的财经、政法系科与学术精英，成立中南财经学院和中南政法学院。之后学校历经湖北大学、湖北财经专科学校、湖北财经学院、复建中南政法学院、中南财经大学的发展时期。2000年5月26日，同根同源的中南财经大学与中南政法学院合并组建“中南财经政法大学”，成为一所财经、政法“强强联合”的人文社科类高校。2005年，学校入选国家“211工程”重点建设高校；2011年，学校入选国家“985工程优势学科创新平台”项目重点建设高校；2017年，学校入选世界一流大学和一流学科（简称“双一流”）建设高校。70年来，中南财经政法大学与新中国同呼吸、共命运，奋勇投身于中华民族从自强独立走向民主富强的复兴征程，参与缔造了新中国高等财经、政法教育从创立到繁荣的学科历史。

“板凳要坐十年冷，文章不写一句空”，作为一所传承红色基因的人文社科大学，中南财经政法大学将范文澜和潘梓年等前贤们坚守的马克思主义革命学风和严谨务实的学术品格内化为学术文化基因。学校继承优良学术传统，深入推进师德师风建设，改革完善人才引育机制，营造风清气正的学术氛围，为人才辈出提供良好的学术环境。入选“双一流”建设高校，是党和国家对学校70年办学历史、办学成就和办学特色的充分认可。“中南大”人不忘初心，牢记使命，以立德树人为根本，以“中国特色、世界一流”为核心，坚持内涵发展，“双一流”建设取得显著进步：学科体系不断健全，人才体系初步成型，师资队伍不断壮大，研究水平和创新能力不断提高，现代大学治理体系不断完善，国际交流合作优化升级，综合实力和核心竞争力显著提升，为在2048年建校百年时，实现主干学科跻身世界一流学科行列的发展愿景打下了坚实根基。

“当代中国正经历着我国历史上最为广泛而深刻的社会变革，也正在进行着人类历史上最为宏大而独特的实践创新”，“这是一个需要理论而且一定能够产生理论的时代，这是一个需要思想而且一定能够产生思想的时代”①。坚持和发展中国特色社会主义，统筹推进“五位一体”总体布局和协调推进“四个全面”战略布局，实现“两个一百年”奋斗目标、实现中华民族伟大复兴的中国梦，需要构建中国特色哲学社会科学体系。市场经济就是法治经济，法学和经济学是哲学社会科学的重要支撑学科，是新时代构建中国特色哲学社会科学体系的着力点、着重点。法学与经济学交叉融合成为哲学社会科学创新发展的重要动力，也为塑造中国学术自主性提供了重大机遇。学校坚持财经政法融通的办学定位和学科学术发展战略，“双一流”建设以来，以“法与经济学科群”为引领，以构建中国特色法学和经济学学科、学术、话语体系为己任，立足新时代中国特色社会主义伟大实践，发掘中国传统经济思想、法律文化智慧，提炼中国经济发展与法治实践经验，推动马克思主义法学和经济学中国化、现代化、国际化，产出了一批高质量的研究成果，“中南财经政法大学‘双一流’建设文库”即为其中部分学术成果的展现。

文库首批遴选、出版二百余册专著，以区域发展、长江经济带、“一带一路”、创新治理、中国经济发展、贸易冲突、全球治理、数字经济、文化传承、生态文明等十个主题系列呈现，通过问题导向、概念共享，探寻中华文明生生不息的内在复杂性与合理性，阐释新时代中国经济、法治成就与自信，展望人类命运共同体构建过程中所呈现的新生态体系，为解决全球经济、法治问题提供创新性思路和方案，进一步促进财经政法融合发展、范式更新。本文库的著者有德高望重的学科开拓者、奠基人，有风华正茂的学术带头人和领军人物，亦有崭露头角的青年一代，老中青学者秉持家国情怀，述学立论、建言献策，彰显“中南大”经世济民的学术底蕴和薪火相传的人才体系。放眼未来、走向世界，我们以习近平新时代中国特色社会主义思想为指导，砥砺前行，凝心聚

① 习近平：《在哲学社会科学工作座谈会上的讲话》，2016年5月17日。

力推进“双一流”加快建设、特色建设、高质量建设，开创“中南学派”，以中国理论、中国实践引领法学和经济学研究的国际前沿，为世界经济发展、法治建设做出卓越贡献。为此，我们将积极回应社会发展出现的新问题、新趋势，不断推出新的主题系列，以增强文库的开放性和丰富性。

“中南财经政法大学‘双一流’建设文库”的出版工作是一个系统工程，它的推进得到相关学院和出版单位的鼎力支持，学者们精益求精、数易其稿，付出极大辛劳。在此，我们向所有作者以及参与编纂工作的同志们致以诚挚的谢意！

因时间所囿，不妥之处还恳请广大读者和同行包涵、指正！

中南财经政法大学校长

目　录

第 1 章　文献综述

1.1　信息披露文献

1.1.1　信息披露的动机

资本市场交易动机。当公司需要筹集资本或者向外界传递公司经营业绩良好的信号时，会主动增加信息披露（Diamond and Verrecchia，1991；Botosan，1997；Healy，Hutton，and Palepu，1999；Healy and Palepu，2001；Miller，2002）。自愿披露能降低信息不对称，从而降低外部融资成本（Myers and Majluf，1984），自愿披露公司前景信息有助于发行证券或与其他公司进行股票交易（Healy and Dalepu，1995），那些准备发行证券的公司早在发行前六个月就开始显著增加信息披露（Lang and Lundholm，1996）。管理者会战略性地披露一些不利信息，来促进杠杆收购（Hafzalla，2009）。

声誉动机。公司出于声誉和增强投资者信心的目的，也会自愿提供信息（Healy and Palepu，2001；Rogers and Stocken，2005；Beyer and Dye，2012）。

竞争动机。当管理层存在控制权竞争动机时，自愿披露降低了董事会以业绩不好为由更换经营者的频率（De Angelo，1988）。非工会化公司在与工会化竞争对手重新谈判劳务合约时会有动机披露更多信息，这样可以使竞争对手与工会谈判时的议价能力变弱，从而削弱竞争对手的竞争能力（Aobdia，2018）。

股票报酬动机。自愿披露管理预测信息，能提高股票流动性（Noe，1999），在员工股票期权回报期之前延迟好消息的发布而加快坏消息的发布，能显著降低公司履约成本（Aboody and Kasznik，2000）。延期披露坏消息可以让有影响力的股东按照他们所偏爱的价格出售股票（Ertimur，2014）。

诉讼成本动机。盈利预期不好的经营者事先透露预亏信息，能降低未来诉讼成本（Skinner，1994；Francis et al.，1994）。

管理能力信号动机。自愿披露盈利信息，能展示经营者不同一般的才干（Trueman，1986）。

1.1.2 信息披露的影响因素

公司规模。大公司通过披露更多信息以减少因信息不对称而产生的代理成本，能获得公众的支持、提高资本规模、减少政治成本（Chow，1987）。

股权结构。由于持股主体很容易接触公司内幕信息，披露信息的动机较弱，因而股权越集中，信息披露水平越低（Core，2001）。

盈利水平。高盈利公司的管理者更有积极性披露信息，以维持他们的地位和薪酬安排（Wallace et al.，1994；Miller，2002）。

财务杠杆。为获取债权人信任并减少债权人保护性倾向的潜在影响，管理层有动机披露更多信息以表明其愿意接受监督（Core，2001）。

公司高管。CFO 个人诉讼风险的增加会使公司坏消息披露更及时，披露财务报告更加稳健（Levy，2018）。

独立董事。财务欺诈公司的独立董事比例较低（Beasley，1996），董事会的独立性和盈余管理负相关（Klein，2002）。

审计委员会。设立审计委员会与自愿性信息披露范围显著正相关（Simon and Wong，2001）。

竞争性。处于竞争程度较低行业中的经营业务，不太可能被作为行业分部进行披露（Harris，1998），公司利用 SFAS NO. 14 赋予他们的灵活性隐藏其在非竞争行业的高盈利部分信息（Botosan and Stanford，2005）。

机构投资者。机构投资者持股越多的公司，自愿性信息披露越少，因为机构投资者有更好的途径获取私由信息，他们不会给公司的披露行为带来压力（Ajinkya et al.，2005）。

专有化成本。企业信息披露的主要障碍是信息具有专有化成本（Beyer，Cohen and Walther，2010）。职工作为公司的相关利益者群体，若谈判能力强，会利用公司披露的信息来在薪酬谈判时提出高于市场有效薪酬的薪酬来进行寻租，成为公司的专有化成本，当职工的寻租能力强时，公司自愿性信息披露程度降低（Bova，2015）。

银行合并。银行合并会引起借款企业自愿性信息披露的增加，因为银行及其他资金供给方都减少了对软信息的需求，转而更加依赖企业公开披露的信息（Chen，2017）。

客户集中度。客户集中度与公开信息披露数量显著负相关，即当客户集中度越高时，客户能够以较低的成本获取供应商的私人信息，因此，会减少客户对供应商公开披露信息的需求（Crawford，2019）。

1.1.3 信息披露的经济后果

信息披露与信息风险。有信息含量的详细披露可提供更多决策相关信息，减少投资者面临的信息风险，让其更好地理解公司的经营风险，并最终促进投资决策效率的提高，也即披露能降低投资者感知的重大错报风险，进而提高其投资的可能性（Elliott and Jacobson，1994）。如果披露关于技术性和公司市场战略的信息，可能损害企业价值（Bhattacharya and Chiesa，1995；Yosha，1995）。

信息披露对融资成本的影响。企业债券发行者与投资者之间的信息不对称，导致投资者因为承担更大风险而要求更高的回报，从而推高企业债券发行者的信用利差（周宏、林晚发、李国平与王海妹，2012）。披露信息能减少信息不对称，增加投资者的信息准确度，降低融资成本（Barry and Brown，1985；Diamond and Verrecchia，1991；Botosan，1997；Easley and O'Hara，2004；Lambert et al.，2007；Francis et al.，2008）。

信息披露对分析师预测的影响。信息披露越多，披露质量越高，分析师预测准确度越高，分歧度越低（Brown et al.，1987；Parkash，Dhaliwal and Salatka，1995；Lang and Lundholm，1996；Hope，2003），预测偏差越小（Parkash，Dhaliwal and Salatka，1995）。在中国，信息透明度与预测准确性正相关（方军雄，2007），与分析师跟踪数量正相关，与预测误差负相关（李丹蒙，2007）。

信息披露对审计师的影响。净资产收益率处于配股达线区间时，盈余管理与审计收费正相关，而当净资产收益率处于保牌区间时，盈余管理与审计收费负相关（伍利娜，2003）。继任注册会计师倾向于以盈余管理幅度衡量审计风险，进而要求更高的审计收费（宋衍蘅与殷德全，2005）。盈余管理行为导致审计收费增加（刘运国、麦剑青与魏哲妍，2006），负向盈余管理降低审计收费，而正向盈余管理增加审计收费（Abbott，Parker and Peters，2010）。

信息披露对投资者的影响。信息披露也会影响投资者对公司价值的判断，早披露好消息并直到 IPO 解锁后的盈余公告日披露坏消息，能够最大化股东的交易收益（Ajinkya and Gift，1984；Waymire，1984；Lang and Lundholm，2000；Hutton et al.，2003；Sletten，2012）。虽然好消息预测并不会对不确定性造成显著影响，但是坏消息预测会增加公司未来的不确定性，这种效果一直会持续到随后的盈余公告日（Rogers et al.，2009）。大型的指数机构投资者偏好信息披露以减少交易成本（Bird and Karolyi，2016；Boone and White，2015；Schoenfeld，2017）。信息披露的增加会吸引更多的机构投者投资（Bushee，2000）。

信息披露对管理层的影响。提供高质量披露的成本包括获取、分析、沟通信息所付出的努力，而且管理层为了提供信息透明度，不得不进行自我约束，将放弃一些为自己谋利的机会（Aboody and Kasznik，2000；Bartov and Mohanram，2004；Cheng and Lo，2006）。但是管理层能够通过披露的价格反映来获取市场对企业未来的预期，以便更好地进行投资决策，提高投资质量（Goodman et al.，2014；Shroff et al.，2014）。

信息披露对风险的影响。在内幕交易前披露好消息或者隐瞒坏消息都会导致很高的法律风险（Cheng and Lo，2006）。更大程度的自愿披露提高了公司的流动性（Leuz and Verrecchia，2000），信息透明度越高，流动性风险越低（Lang and Maffett，2011；Ng，2011）。公司向 A 股投资者和 B 投资者的披露差异越大，信息风险越大，A 股与 B 股的定价差异越大，而且信息翻译成本越高，这种关系越明显（Tang，2011）。信息披露质量的提高能有效降低公司业绩的波动性，并且信息披露质量越高，越能有效降低 CEO 权力对经营风险的强化效果（权小锋与吴世农，2010）。

1.2 风险管理文献

1.2.1 风险管理的影响因素

公司特征。不同特征企业具有不一样的抗风险能力，比如公司通过增加现金持有与显著缩短长期债务期限，以降低再融资风险（Harford，Klasa and Maxwell，2014）。公司规模越大，多元化程度越高，风险控制水平越高（Baxter，Bedard，Hoitash and Yezegel，2013）。

公司治理。公司治理对企业风险具有抑制作用，公司治理水平的提高有利于降低股票投资风险和投资者信念的异质程度（李维安、张立党与张苏，2012），公司治理水平越高，风险管理水平也高（Baxter，Bedard，Hoitash and Yezegel，2013）。具体而言，包括：

管理层特征。CEO 权力越大，公司经营业绩越高且业绩风险越大（权小锋与吴世农，2010）；过度自信的管理者容易低估风险，可能承受更高风险（余明桂、李文贵与潘红波，2013）；董事长与总经理两职分离以及高管持股与企业财务风险显著负相关（于福生、张敏、姜付秀与任梦杰，2008）；当管理层个人财富与公司风险密切关联时，管理层有动机选择可能增加财务报告和业绩波动性的投资政策，公司破产风险增加（Brockman，Martin and Unlu，2010）；在 CEO 持股水平较高时，CEO 持股会制约 CEO，阻止他们承担风险（不愿意进行 R&D 投资），而降低公司价值，但好的外部治理会抑制这种效应（Kim and Lu，2011）。拜金主义 CEO 对银行的风险管理强度显著减少（Bushman，2018）。

股权性质。股权性质与企业财务风险显著正相关（于福生、张敏、姜付秀与任梦杰，2008），国有企业的风险承担水平显著低于非国有企业（李文贵与余明桂，2012）。在私有化的公司样本中，国有股权比例与企业风险负相关，国外投资者股权与企业风险显著正相关（Boubakri，Cosset and Saffar，2013）。

股权集中度。股权集中度与企业财务风险显著正相关（于福生、张敏、姜付秀与任梦杰，2008），股权制衡能显著降低总资产收益率、公司价值的纵向波动性和横向离散程度（李琳、刘凤委与卢文彬，2009）。

独立董事。独立董事比例与企业财务风险显著负相关（于福生、张敏、姜付秀与任梦杰，2008）。

其他影响因素。集团化运作显著加大了企业财务风险，并提高了其发生财务困境的概率（李焰、陈才东与姜付秀，2008）。不利消息会增加现金流风险，而有利消息会降低现金流风险（French et al.，1987；Ball and Kothari 1989）。当企业披露有利信息时，企业的风险（资本成本、股价波动性和分析师预测离散度）显著下降（2009）。金融危机爆发后我国企业债券信用风险显著变大（周宏、徐兆铭、彭丽华与杨萌萌，2011）。具有更好风险管理水平的银行持股公司，在金融危机期间，具有更低的尾部（Tail）风险与违约贷款、更好的经营业绩与市场表现（Ellul and Yerramilli，2013），员工持有股票时也会导致公司风险下降，当员工持有股票时会有充分的动机去降低公司风险（Bova，2014）。

1.2.2 风险管理的经济后果

除少量观点认为风险管理没有价值（Modigliani and Miller，1958；Jin and Jorion，2006；Bartram et al.，2011）外，更多证据表明积极风险管理能增加企业价值。风险管理理论认为，当市场缺陷使流动性成本增加时，企业会选择对冲或套期以规避这种风险。对冲将首先影响公司投融资行为（Lin，Ma and Zou，2011），并最终提升5%—10%的公司价值（Allayannis and Weston，2001；Carter，Rogers and Simkins，2006）。当成本、收入与价格非线性相关时（Campello，Mackay and Moeller，2007），积极的风险管理策略有助于提高公司价值（Lez and Yun，2013）。风险管理水平与公司绩效显著正相关，而且拥有高质量风险管理项目的公司的盈余反应系数更高（Baxter，Bedard，Hoitash and Yezegel，2013）。在我国，风险承担能显著提高企业价值（李文贵与余明桂，2012），有潜在汇率风险敞口的中国跨国公司使用外汇衍生品对冲汇率风险带来了约10%的价值溢价（郭飞，2012）。具体而言，风险管理有利于降低信贷利差（Campello，Lin，Ma and Zou，2011）或融资成本（叶康涛与陆正飞，2004；Yu and Qin，2013）与税务激进度（Rego and Wilson，2011），引致并购浪潮的发生（Garfinkel，2011）。获得税收收益（Smith and Stulz，1985；Leland，1998；Graham and Rogers，2002），缓解投资扭曲行为（Froot，Scharfstein and Stein，1993），降低分析师盈利预测偏差（Parkash，Dhaliwal and Salatka，1995），改变企业盈余管理方式（Grant，Markarian and Parbonetti，2009）。而对冲能减少企业财务约束成本和税收支付（Mayers and Smith，1982；Smith and Stulz，1985），满足企业投资的资金需求（Froot，Scharfstein and Stein，1993；Myers and Majluf，1984），提高公司盈余的信息含量（De Marzo and Duffie，1995）。

1.2.3 风险感知（社会学或心理学）

风险感知（Risk Perception）又称风险认知，是指人们对风险事物和风险特征的感受、认识和理解。风险感知的影响因素。股东人数越低，认知风险越高，需要更高的收益补偿风险（Arbel et al.，1983）。信息的变化性、不对称性以及人们对于信息的满意程度都会影响风险感知（Wang，Shi and Fan，2004）。非专业投资者对披露实质性内控缺陷公司的风险认知水平更高（Jacob et al.，2010）。股龄较长、资金拥有量较大的个体投资者对追高和过度投机的风险认知偏低（时勘、范红霞、许均华、李启亚与付龙波，2005）。只有少数透明的风险信息才能被不同背景的独立董事所感知并作出辞职选择，相对缺乏透明度的信息因难以被感知而容易被独立董事忽视（唐清泉与罗党论，2007）。风险感知的经济后果。不完全信息市场中，认知风险是超额收益率的主要来源（Merton，1987）。认知风险显著提高股票未来收益，认知风险每增加1%，股票预期收益增加0.04%（赵静梅与申宇，2011）。投资者认知风险的减少会带来更高的异常收益率（Chen，Noronha and Singal，2004）。机构投资者几乎不持有“罪恶行业”（包括烟、酒和博彩业）股票，而且证券分析师对这些股票的关注也较少，这类股票具有较高的认知风险，使平均每年风险调整后的溢价高达2.5%（Hong，Harrison and Jeffrey，2003）。个体投资者能够感知到独立董事非正常辞职传递的风险信号，进而影响其投资可能性（陈继萍，2013）。

1.2.4 风险评估与定价

金融市场现代价格理论的核心在于揭示证券价格、风险及其预期收益之间关系，风险与收益的关系即风险溢价是金融与财务理论的重要内容。投资组合选择理论（Markowitz，1952）、资本资产定价模型（Sharp，1964）、套利定价理论（Ross，1976）、三因子定价模型（Fama and French，1992，1993），均认为资产预期收益可由风险解释。实证结果也证实了这些，如企业现金流波动性强烈时，企业财务困境和违约的可能性增加，债券融资成本较高（Minton，1999）。与宏观经济条件有关的风险对资产定价具有决定作用，对公司各种决策也具有重要影响（Chen，2010）。在中国，高账面市值比和小规模公司的股票所获得高收益正是对所投资公司本身高风险的一种补偿（吴世农与许年行，2004）。公司特质风险对截面收益具有一定的解释能力（黄波、李湛与顾孟迪，2006）。反映企业风险的股票贝塔系数是股票成本的主要决定因素（叶康涛与陆正飞，2004）。股票投资风险由β系数、股票的D/E、BV/MV和公司规模等因素决定

（石予友、仲伟周、马骏与陈燕，2008）。股票市值背后既有风险也有特征因素（潘莉与徐建国，2011）。

1.3 风险信息披露文献

1.3.1 风险信息披露的信息含量

Lajili 和 Zeghal（2003）通过分析 300 家在加拿大证券交易所上市的企业管理层讨论与分析（Management's disanssion and analysis，MD&A）发现年报风险的自愿披露信息含量不足、不够深入也没有特定性。Beattie（2004）通过在三个行业风险信息披露的广泛研究，分析了 27 家样本公司在年度报告中提供的风险有关的信息，发现风险预测信息和定量分析较少。Christophe 等（2010）发现 1996—2005 年商业银行向公 A 披露的风险值在数量上总体呈上升趋势，历史模拟法是风险值计算的普遍做法，但他们发现商业银行披露的风险值在质量上没有提高。Oliveira（2011）评估了 1090 家葡萄牙信贷机构的风险信息披露，指出这些机构披露的相关信息缺乏可比性，定量披露与定性披露的错位还影响了信息的可理解性。

李胜利（2002）指出定量分析可以直观地以数字形式反映上市公司的风险暴露程度，有利于信息使用者对公司价值作出正确判断。李慧萍（2005）通过对我国风险披露制度演进和四家上市银行的信贷资产及信用风险披露情况的具体分析，揭示了信用风险披露制度存在的缺陷和四家上市银行在披露中存在的问题，并提出了简要的政策建议。刘晓楠（2007）基于会计报告附注信息是年度报告的重要组成部分，采用内容分析报告文字部分的风险信息对会计报表数字信息的解释说明作用，得出我国目前年报文字风险信息对会计报表数字风险信息有解释说明作用但并不充分的现状，提出在保证会计报表主表提供信息的基础上，加强年度报告部分风险信息对年报数字风险信息的说明作用。杜莉与戴倩倩（2010）发现上市公司风险分类不统一、披露形式简单且详略悬殊，在揭示风险产生的原因和可能产生的影响时，多采用模糊用语。汪海粟与白江涛

(2013) 选择我国创业板市场为研究对象，发现创业板上市公司的风险披露现状，存在信息收集处理规范性不强、披露内容缺乏现实指导性意义等问题，提出统一风险披露要素口径、规范量化披露对象、建立企业风险自我识别模式等系列应对连议。齐鲁（2014）构建了相对完善的词汇体系，获得研究数据，对主板市场和中小板市场的472只股票进行实证分析，提出规范我国招股说明书风险信息披露的建议。

曾雪云、邬敏与王雅坤（2014）分析了我国上市公司风险管理机构设置与信息披露现状及改进建议。张曾莲与段晓彦（2015）以上市公司年度报告中披露的风险信息为研究对象，通过关键词识别各类风险，考察2011年我国A股制造业上市公司风险信息披露的状况，发现了样本公司风险信息披露基本可以反映公司风险状况，企业在风险信息披露中关注外部风险多于内部风险。

1.3.2　风险信息披露的影响因素

公司披露风险信息除了受到公司特征、行业特征、信息环境等一般性影响公司信息披露的因素外，由于风险信息的特殊性，还可能受到其他特殊因素的影响。已有研究表明，公司规模（Linsley et al.，2006）、董事会独立性（Oliveira et al.，2011）、信息环境、机构投资者（杜莉、戴倩倩，2010）、行业特性等都在一定程度上影响上市公司风险信息披露的质量。

Shrives 和 Reber（2003）发现监管职能对提升风险披露质量会产生促进作用。Linsley 和 Shrives（2005）认为涉及商业机密时，董事不愿披露风险信息，并且不愿意提供尚未规避风险措施的前瞻性风险信息。Michael Dobler（2008）发现管理层不披露风险信息可能是由于没有可披露的风险，或出于谨慎不愿意披露未经证实的风险信息，或者由于风险披露的成本较高。Rajab（2009）发现由于会计法规和会计机构建设的影响，风险信息量在这期间呈增加趋势。Nelson 和 Pritchard（2014）研究发现诉讼风险越大的公司，披露的风险因素更多、模板性的风险越少、披露风险的可读性越大。Nelson 和 Rupar（2014）研究发现投资者对于数值形式的亏损信息会给予风险更大的评价，而对于百分比形式的亏损信息，则相对而言给予更小的风险评价。然而，当投资者意识到公司的有意操控行为且有能力去进行识别时，这种关系会减弱。陈韵宇、林东杰与熊小林（2014）研究发现有效的内部控制有助于提高公司风险信息披露质量。Brown 等

(2015) 探究了风险披露的学习效应。发现如果 SEC 对行业领导企业、竞争对手企业、行业中的大部分企业、同一审计师审计这几类企业的强制风险披露状况作出评论，那么其余的上市公司也会受到这些评论的影响，而做出相应的改进。Hope 等（2015）发现具有较高专有化成本的公司提供较少的特定风险因素披露。Brown 等（2018）发现 SEC 对行业领导者发送风险信息披露意见函后，没有收到意见函的公司会进行更多具有公司特质的有意义的披露。

1.3.3 风险信息披露的经济后果

更多有关企业风险和对冲政策方面的信息披露，有助于市场更好地理解企业的对冲决定（Panaretou，Shackleton and Taylor，2013），风险信息披露能提高市场参与者对企业风险的认知进而影响其决策。

风险信息披露与投资者风险识别行为。披露风险信息能让投资者更直观的感知风险，风险较大时投资投资者会提高盈利预期，甚至放弃投资。Hollisas 等（2009）研究发现，风险缺陷越多，公司风险越大，公司财务报告可信度较低，投资者面临的信息风险较高，权益资金成本越高。Riedl 和 Serafeim（2011）研究发现，不同层级的金融工具公允价值的信息披露，呈现不同的信息风险，信息风险越大，资本成本越高，而且分析师跟随越少、偏差越大，这种效应越强。张继勋、周冉与孙鹏（2011）研究发现，上市公司详细披露内控，能明显降低投资者感知的重大错报风险，提高投资者的投资可能性。公司披露风险信息一方面有助于缓解信息不对称，增加股票流动性；另一方面，披露越多的风险，增加投资者风险感知力和风险意识，又会导致公司股价的波动。因此，管理层会在成本和收益间进行权衡，并很可能采取策略性披露方式，使披露的风险因素与公司实际面临的风险状况不符。基于此，大量的研究尝试从不同的角度，构造不同的指标考察风险信息披露对投资者的有效性及其经济后果。早在 Li（2006）之前 Rajgopal（1999）就以手工搜集方式对报告中披露的市场风险信息进行提取风险，他检验了在 1997 年 SEC 颁布了要求披露公司市场风险的规定后，公司披露的市场风险信息的有用性。研究发现，披露的市场风险与公司股价对石油天然气价格的敏感性呈现正相关关系，即说明披露的风险能够预测实际的市场风险。Kravet 和 Muslu（2013）使用了类似 Li（2006）方法，统计了带有“风险”词汇的语句，用“风险”句子数量在前后年度间的变动作为风险信息披露的衡量依据，考察了投资者对于年报风险信息披露的感知能力。研究发现风险语句频率的变化值与未来股票回报波动性、3天窗口期的异常交易量和分析师预测修正偏差呈正相关，并且，当企业披露的风险水平超过行业均值时，相关性减弱，说明企业大部分披露的信息属于模板式的信息，企业自身特质信息披露的较少。Campbell（2014），Hope et al.（2015）研究了年报中强制要求披露的“风险因素”段的风险信息含量。他们进一步对风险因素的类别和特质性进行了研究，风险种类与特质性与公司面临风险相关，也会影响市场表现，表明披露的风险能体现公司实际面临的风险。此外，研究还发现投资者会将披露的风险信息纳入股价，引起股价的反应。Gaulin（2017）研究发现公司特有风险披露数量越多，对公司未来经营困境的预测能力越强。Fanning（2014）通过实验的方法检验了风险信息披露门槛的降低是否会对投资者的风险感知能力产生影响。具体而言，当风险披露门槛降低后，披露的风险数量增多，一方面发生概率低的风险会冲淡发生概率高的风险；另一方面，管理层会利用增加的披露，通过低概率风险的披露来隐藏高概率风险。研究发现，对业绩有定向目标的人，其风险感知能力更不容易被风险披露降低后低概率风险冲淡，且短期投资者最容易受到管理层进行披露策略管理的影响，短期投资需要更多地考虑风险，因此，对他们的影响最大。Filzen（2015）分别检验“风险”“不确定性”两种披露的变化对公司政策调整时间的影响，研究发现管理层会对披露的“风险”作出政策调整，而对披露的“不确定性”作出“等候观望”，规模小、非营利、信用风险高的公司对风险和不确定性更敏感，“风险”和“不确定性”增加时会比降低时对公司政策的影响更大。Elliott等（2015）将报告中的风险相关词汇进行提取，以风险词汇数量占比作为公司风险衡量指标，检验了信息披露风险与公司政策之间的相关性。研究表明，披露风险的增加可以解释公司在负债率、投资、研发、雇员、股利政策、现金持有和股票购买等财务政策方面的下降。此外，这些财务政策的变更与公司规模、盈利能力、信用评级等方面也具有敏感性。以文本方式衡量的风险在检验对公司政策的影响方面更加稳健，也更具有持续的说服力，并且与公司财务方面的理论及该领域的调查研究结论也更一致。Hodder和Koonce（2001）将风险信息披露范围扩展到MD&A和报表附注，使投资者对收集信息作出适当的风险评估。司端军（2014）用355家创业板上市公司2019—2012年的数据，研究了创业板上市公司上市时公告的招股说明书和以后每年年报中披露的风险信息的质量，检验这些披露的风险信息是否影响投资者进行投资决策，使用了5个衡量风险信息披露强度：风险信息披露篇幅、风险信息披露的种类、风险信息披露数量、风险信息披露形式、风险信息披露策略。黄方亮，齐鲁与赵国庆（2015）考察了新股发行招股说明书中所披露的风险因素的隐性内容，检验其中是否存在轻描淡写或陈述不足的倾向，即对其进行意向分析，可判断风险信息披露的“言外之意”。对我国新股发行风险信息披露进行意向分析的结果表明，风险因素的内容明显具有乐观性、高估性的“误导”倾向，投资者无法依据风险信息披露所表达出的意向来预测发行人的盈利能力和后市表现。新股发行信息披露文件中应强调实质风险因素的披露；要构建投资者监督机制，形成新股发行信息披露的强大社会监督群体。风险因素会促使管理层披露坏消息（Francis et al.，1994；Skinner，1994 and 1997；Kasznik and Lev，1995；Baginski et al.，2002），以规避可能带来的诉讼风险。企业客户年报风险信息披露越多，供应商投资效率越高，投资不足或过度投资现象越少（Chiu，2018）。Hope 等（2016）、Nelson 和 Pritchard（2016）研究发现，风险信息披露中的特有风险更能引发显著的股票市场反应；风险信息披露提高了公司信息透明度，从而降低了信用违约互换价差中的风险溢价（Chiu，2018）。

风险信息披露与分析师风险识别行为。分析师风险评估是分析师研究报告的一部分，NYSE472 规则以及 NASD2210 规则明确要求分析师报告必须说明价值评估模型以及有关风险讨论的内容。而常用的模型分析师预测模型如 Residual income valuation（RIV）、discounted cash flow（DCF）以及 price – earnings（PE）model 等，不仅需要未来现金流量信息，还需要有关风险的信息（Efthimios，Norman and Martin，2004）。风险信息披露必然影响分析师对风险的感知进而影响其预测。Lui、Markov 和 Tamayo（2012）研究发现，风险评级变化诱发了额外的市场反应，进而诱发价值评估风险。年报中风险文本增加越多，分析师预测修订的差异性相应增加（Kravet and Muslu，2013）。

Panaretou、Shackleton 和 Taylor（2013）研究发现，高质量的衍生金融工具使用情况的信息披露与风险管理有助于降低信息不对称程度，具体而言，IFRS 实施后，衍生金融工具的使用与分析师偏差与分散度负相关，而且那些持有与对冲政策不吻合的衍生金融品的企业的分析师预测准确度更低。

风险信息披露与审计师风险识别行为。风险导向审计必须建立在对商业流程及公司风险有详细了解的基础上（AICPA，2012；Bell et al.，2005；IAASB，

2012；Knechel，2007；Knechel et al. ，2010；PCAOB，2012）。根据审计风险理论，审计风险由公司的固有风险、控制风险和检查风险等要素构成，其中公司固有风险与控制风险为不可控风险，需要注册会计师进行评估。在审计风险给定的情况下，检查风险与公司固有风险和控制风险的综合水平存在负相关关系。会计师事务所应对审计风险通常具有主导权。公司风险管理水平越高，审计风险更低（Baxter，Bedard，Hoitash and Yezegel，2013）。当公司固有风险增加时，审计师必须执行更多审计程序（Doyle et al. ，2007；Krishnan and Visvanathan，2009），选择审计对象（Johnstone and Bedard，2003）或退出审计契约（Krishnan and Krishnan，1997；Krishnan，2007），强制要求客户保持会计稳健性、发表非标准审计意见（李春涛、宋敏与黄曼丽，2006），以及提高审计费用（Johnstone，2000）。Krishnan、Sun、Wang 和 Yang（2013）研究发现，审计客户具有向上盈余管理风险时，事务所将提高审计收费，甚至不再提供审计服务。基于文本分析的研究从 Li（2006）之后开始大量涌现。Li（2006）较早将计算机和数学分析技术结合应用到文本分析领域，通过统计年度报告中“风险”“不确定性”等风险词汇出现的频率，构建风险信息披露的衡量指标，以研究风险信息披露与未来盈余和未来市场回报的关系。

第 2 章　制度背景

2.1　制度环境

风险信息披露主要是指上市公司通过招股说明书、定期报告和临时报告等形式，向投资者和社会公众公开披露与公司风险相关的信息的行为。在我国，上市公司年报信息披露规范一般而言有以下四个层次分级：第一是基本的法律法规，如《证券法》；第二是中国证监会制定的制度规范；第三是证券交易所制定的规则，如《上海证券交易所股票上市规则》，这些规则允许公司来自行操作；第四是指引文件，由中国证监会颁布。具体到风险信息披露相关的披露规范，我国主要有：中国证监会 2003 年首次发布的《内容与格式准则第 1 号》、中国证监会于 2007 年起至今多次修订的《内容与格式准则第 2 号》。对于企业而言，这些准则和规定都具有强制意义，必须严格按照要求进行如实披露。

首先，上交所和深交所规定，上市公司出现下列使公司面临重大风险情形之一的，应当及时向本所报告并披露：发生重大亏损或者遭受重大损失；发生重大债务、未清偿到期重大债务或者重大债权到期未获清偿；可能依法承担的重大违约责任或者大额赔偿责任；计提大额资产减值准备；公司决定解散或者被依法强制解散；公司预计出现资不抵债（一般指净资产为负值）；主要债务人出现资不抵债或者进入破产程序，公司对相应债权未提取足额坏账准备；主要资产被查封、扣押、冻结或者被抵押、质押；主要或者全部业务陷入停顿；公司因涉嫌违法违规被有权机关调查或者受到重大行政、刑事处罚；公司董事、监事、高级管理人员因涉嫌违法违规被有权机关调查或者采取强制措施而无法履行职责，或者因身体、工作安排等其他原因无法正常履行职责达到或者预计达到三个月以上；本所或者公司认定的其他重大风险情况。

其次，《内容与格式准则第 1 号》第四节风险因素中规定：发行人应当遵循重要性原则，按顺序披露可能直接或间接对发行人生产经营状况、财务状况和持续盈利能力产生重大不利影响的所有因素。发行人应针对自身的实际情况，充分、准确、具体地描述相关风险因素。发行人应对所披露的风险因素做定量分析，无法进行定量分析的，应有针对性地作出定性描述。有关风险因素可能对发行人生产经营状况、财务状况和持续盈利能力有严重不利影响的，应作“重大事项提示”。

再次，中国证监会于 2017 年《内容与格式准则第 2 号》第四节第 28 条中规定，“公司应当针对自身特点，遵循关联性原则和重要性原则披露可能对公司未来发展战略和经营目标的实现产生不利影响的风险因素（如政策性风险、行业特有风险、业务模式风险、经营风险、环保风险、汇率风险、利率风险、技术风险、产品价格风险、原材料价格及供应风险、财务风险、单一客户依赖风险、商誉等资产的减值风险，以及因设备或技术升级换代、核心技术人员辞职、特许经营权丧失等导致公司核心竞争能力受到严重影响等），披露的内容应当充分、准确、具体，应当尽量采取定量的方式分析各风险因素对公司当期及未来经营业绩的影响，并介绍已经或计划采取的应对措施。对于本年度较上一年度的新增风险因素，公司应当对其产生的原因、对公司的影响以及已经采取或拟采取的措施及效果等进行分析。若分析表明相关变化趋势已经、正在或将要对公司的财务状况和经营成果产生重大影响的，公司应当提供管理层对相关变化的基本判断，尽可能定量分析对公司的影响程度”。

最后，公开发行证券募集说明书。其内容上与招股说明书中要求的一致，均要求上市公司于其在公开反向募集说明中披露关于业务经营、宏观政策、财务、技术、市场等一系列对公司未来发展战略和经营目标实现产生影响的全部因素。

与国内相比，美国 SEC2005 年开始颁布 Regulation S – K，对年度报告的风险信息披露项目做了详细的规定，并且每年都在不断地进行修订和完善，而风险信息披露在美国上市公司的年度报告中是一个相对独立的部分（Item 1），在年报中是重要内容。

我们处于充满风险的全球环境中。2013 年世界经济论坛《全球风险报告》将风险划分为经济风险、环境风险、地缘政治风险、社会风险以及技术风险，并评估了 31 项全球性风险的严重性、发生概率和潜在影响力。当前，由于地缘政治紧张局势等因素，经济前景日趋黯淡，各国面临与日俱增的严峻挑战。中央经济工作会议将“着力防控债务风险”列为2014年经济工作的六项主要任务之一，2019年亦强调防风险工作，保持经济合理运行。国家“十二五”规划强调“要积极面对国内外环境的复杂变化和重大风险挑战，尤其要高度重视财政金融领域存在的风险隐患”。中共十八大报告指出“世情、国情、党情继续发生深刻变化，我们面临的发展机遇和风险挑战前所未有”。我国高度重视风险管理，早在2006年就发布《中央企业全面风险管理指引》，要求“中央企业培育良好的风险管理文化，建立健全全面风险管理体系”。为了加强和规范企业内部控制，提高企业经营管理水平和风险防范能力，促进企业可持续发展，维护社会主义市场经济秩序和社会公众利益，根据《中华人民共和国公司法》《中华人民共和国证券法》《中华人民共和国会计法》和其他有关法律法规，2008年制定《企业内部控制基本规范》，要求“企业应当根据设定的控制目标，全面系统持续地收集相关信息，结合实际情况，及时进行风险评估，准确识别与实现控制目标相关的内部风险和外部风险，确定相应的风险承受度。企业识别可能影响主体的潜在事项，并将其控制在主体风险容量之内”。不仅如此，我国还要求上市公司披露其风险及风险应对措施。《年度报告的内容与格式》（2012年）第十六条要求“公司在年度报告目录后单独刊登重大风险提示”，第二十二条要求“公司就行业竞争格局和发展趋势、未来发展战略、下一年度经营计划以及未来面对的风险等因素进行分析”。因此，应对与管理风险是我们必须面对的重要工作。

2.2 研究风险信息披露的重要性

2.2.1 应对风险给公司带来的好处

企业极为关注风险及风险管理。在市场波动日趋复杂的背景下，企业受到行业现金流规划与大宗商品市场不稳定以及整体风险敞口等问题的困扰，必须应对来自全球范围内的经营因素诱发的诸多风险。将风险管理融入战略规划并实施更积极的风险管理，是企业实现业务成长的关键和获取长期竞争优势的源泉（埃森哲全球风险管理调查，2011）。经验证据也表明积极应对风险能提升公司价值（Allayannis and Weston，2001；Carter，Rogers and Simkins，2006；Mackay and Moeller，2007；Campello，Lin，Ma and Zou，2011；郭飞，2012；Lez and Yun，2013；Baxter，Bedard，Hoitash and Yezegel，2013）。正因如此，积极风险管理已成为全球精英企业的共同选择（埃森哲全球风险管理调查，2011）。

2.2.2 应对风险对市场参与者的重要性

不仅如此，其他市场参与者也很关注企业的风险及风险管理状况：（1）对投资者而言，任何投资决策均需权衡风险与收益，风险较大时投资者将提高盈利预期（Hollisas，Collins，Kinney and Lafond，2009；Riedl and Serafeim，2011），甚至放弃投资（张继勋、周冉与孙鹏，2011）；（2）对于分析师而言，企业风险能影响价值评估模型所需未来现金流量和折现率的估计与选择（Efthimios，Norman and Martin，2004），因而能影响盈利预测值（Lui，Markov and Tamayo，2012；Panaretou，Shackleton and Taylor，2013）；（3）对于审计师而言，现代风险导向审计必须详细了解商业流程风险及企业风险（AICPA，2012；PCAOB，2012），当企业固有风险较大时，为降低审计风险，审计师必须执行更多审计程序（Krishnan and Visvanathan，2009），选择审计对象（Johnstone and Bedard，2003），强制要求客户保持会计稳健性、发表非标准审计意见（李春涛、宋敏与黄曼丽，2006），提高审计收费（Johnstone，2000），甚至拒绝提供审计服务（Krishnan，Sun，Wang and Yang，2013）。这些分析表明，企业风险能影响投资者的投资决策、分析师的盈利预测以及审计师的审计收费或审计意见。

2.2.3 市场参与者对风险的感知

然而社会学与心理学风险感知理论认为，企业风险对市场参与者的影响取决于市场参与者的风险感知水平。

一方面，如果无法感知风险，或者对风险的感知过高或过低，市场参与者的决策行为可能出现偏误且离散度较高。比如，投资者认知风险的减少会带来更高的异常收益率（Chen，Noronha and Singal，2004），个体投资者能够感知独立董事非正常辞职传递的风险信号，进而影响到其投资可能性（陈继萍，

2013）。另一方面，信息的变化与不对称性以及人们对信息的满意度会影响他们对风险的感知（Wang，Shi and Fan，2004）。比如，只有少数透明的风险信息才能被不同背景的独立董事所感知并选择辞职，相对缺乏透明度的信息因难以被感知而容易被独立董事忽视（唐清泉与罗党论，2007）。可见，提高信息透明度有利于提高市场参与者的风险感知水平。

2.2.4 高质量的风险信息披露影响市场参与者的决策行为

披露风险信息因能提高信息透明度进而也能影响市场参与者风险识别行为。从会计信息功能角度，会计信息能帮助管理层和投资者识别和区分投资机会，评估风险并确定资金成本，改善公司治理，降低逆向选择和流动性风险（Bushmana and Smith，2001）；从信息披露角度，披露信息有助于减少信息不对称与信息风险，进而能降低融资成本（Diamond and Verrecchia，1991；Lambert et al.，2007），提高分析师盈余预测准确度（Parkash，Dhaliwal and Salatka，1995；方军雄，2007），减少审计收费（伍利娜，2003；Abbott，Parker and Peters，2010）；从风险角度，披露风险信息有助于市场参与者更好地理解企业基础风险（Elliott and Jacobson，1994；Panaretou，Shackleton and Taylor，2013），而更好地感知风险又可促进市场参与者理性决策。因此，高质量的风险信息披露可通过影响信息风险与风险感知进而影响市场参与者的决策行为。

2.3 风险信息披露研究未来展望

既有风险文献利用收益率波动性、贝塔系数等，或者金融危机等外生事件，或者不同风险水平的企业行为（如 R&D 被视为风险较高），衡量企业基础风险，并证明企业及市场参与者会进行相应的风险估价。随着文本分析的应用，学术界开始通过文本特征来衡量风险信息披露，如风险信息披露相似度、风险披露主题词来进行传统的研究，由于文本的发展不够成熟，尚有研究空间。

第3章 年报风险信息披露与银行贷款利率*

3.1 引 言

现有文献对年报风险信息披露发挥何种作用并无一致结论。无用观认为样板化的风险信息披露对市场参与者意义不大（Kravet and Muslu，2013）。趋同观认为年报风险信息披露提供了异质性较弱的公共信息，通过提高信息质量（Elmy et al.，1998），提高了分析师预测准确度（王雄元等，2017），降低了股权资本成本（王雄元和高曦，2018）。趋异观认为年报风险信息披露提供了异质性较强的特殊信息，通过提高市场参与者的风险感知（Slovic et al.，1981），降低了分析师预测准确度（Campbell et al.，2014），提高了股权及债务资本成本（Li，2006；Hollisas et al.，2009）。这些结论说明中美两国年报风险信息披露的属性不同，对市场参与者具有不同的经济后果。

既有文献基于股权投资者（王雄元和高曦，2018）和债券投资者（Heinle and Smith，2017）视角研究年报风险信息披露的经济后果，而基于银行视角研究年报风险信息披露发挥何种作用具有独特优势。股权投资者更关注系统性风险，投机者甚至更关注收益，债权投资者更关注财务风险，而银行需要综合评估企业信贷风险。股票和债券的投资者大多数为信息获取及处理能力较弱的社会公众，而银行在信息获取与处理方面更有优势（Plumlee et al.，2015），其对年报风险信息披露的反应更能体现其价值。虽然分析师也具有强大的信息收集与处理能力，但信息中介属性决定其利益与年报风险信息披露并不直接相关。

* 本章内容已刊发于《金融研究》2019年第1期，参见：王雄元，曾敬．年报风险信息披露与银行贷款利率［J］．金融研究，2019（01）：54－71．

然而银行对年报风险信息的不充分解读，可能使其错过一个优质客户和一次获利的机会，也可能使其因错误定价而遭受贷款合约上的损失。因此，银行可能更重视年报风险信息披露。

银行如何解读年报风险信息披露将首先体现在贷款利率上。如果年报风险信息披露提供的是异质性较弱的信息，那么银行可以依据企业更透明的信息正确评估企业信贷风险，进而降低贷款利率；相反如果年报风险信息披露提供的是异质性较强的信息，银行会提高对企业信贷风险的评估水平，进而提高贷款利率。本章基于2008—2017年单笔银行贷款利率数据的研究发现：（1）总体上我国年报风险信息披露降低了银行贷款利率，这一结论在排除披露惯性、同行业披露水平、银企关系以及内生性等问题后仍然成立，说明我国年报风险信息披露更符合趋同观；（2）信息质量和风险是我国年报风险信息披露影响银行贷款利率的不完全中介，即我国年报风险信息披露通过提高信息透明度、降低银行风险感知水平进而降低银行贷款利率，从而验证了趋同观的推理逻辑；（3）我国年报风险信息披露与银行贷款利率的负相关关系主要体现在货币政策紧缩组、非国有企业组以及公司治理较好组，说明银行在货币政策紧缩期更关注非国有企业、公司治理较好公司的年报风险信息。

既有文献并未从年报风险信息角度研究贷款利率的决定因素，也没有从贷款利率角度研究年报风险信息披露的经济后果，贷款利率因银行较强的信息解读能力而更能体现年报风险信息披露的实质，本章使用手工收集的单笔银行贷款利率数据以及通过机器学习与文本分析获取的年报告风险信息数据，首次研究贷款利率与年报风险信息披露的关系，有助于丰富风险信息披露文献和银行贷款文献。

3.2 文献综述与假设提出

3.2.1 文献综述

贷款利率受风险与信息的直接影响。风险感知是超额收益率的主要来源

(Merton，1987)。风险越大，风险溢价越高，贷款利率越高（Blackwell and Winters，1997)，债券信用价差越大（Tang and Yan，2008；Rahaman and Zaman，2013)。市场预期越不稳定，银行会产生相应的对冲行为（Talavera et al.，2012)，投资者对企业风险的估值越高（Pástor and Veronesi，2013)，企业融资成本更高。无风险利率越低，债券信用利差越高（Longstaff and Schwartz，1995)。存在信息不对称时，企业更可能阻止负面信息进入市场，债权人会提高企业风险评估水平进而索取更高的风险溢价（Park and Wu，2009)。信息质量较低将增加信息风险，提高贷款利率（Bharath et al.，2008)。详细披露可减少信息风险，让投资者更好地理解公司风险，稳健财务报告可降低贷款利率（Beatty et al.，2012；赵刚等，2014)。提高信息披露质量可降低债券风险溢价（Sengupta，1998)。披露专利信息可降低贷款利率（Plumlee et al.，2015)。

风险信息披露可以增加或者降低融资成本。趋同观认为风险信息可解释已知风险因素和突发事件，提供异质性较弱的公共信息，增加信息透明度（Elmy et al.，1998)，增强财务报告使用者对风险的埋解以及市场对企业面对风险的信心（Hope et al.，2016)，降低信息使用者的风险感知。美国年报风险信息披露提高了信息透明度，降低了债务资本成本（Chiu et al.，2017)。中国年报风险信息披露提高了分析师预测准确度（王雄元等，2017)，降低了权益资本成本（王雄元和高曦，2018)。趋异观认为风险信息可以揭示未知风险因素，提供异质性较强的特殊信息，降低年报可读性（Kim and Verrecchia，1991)，增加市场参与者的风险感知甚至引发其对未知风险的恐惧（Kravet and Muslu，2013；Campbell et al.，2014)，降低了市场参与者对公司的信心（Kravet and Muslu，2013)。风险披露增加时，股票回报波动率和交易量以及分析师预测分歧度、修正程度更大（Kravet and Muslu，2013)，资本成本更高（Li，2006)。风险缺陷越多，公司风险越大，财务报告可信度较低，投资者面临的信息风险较高，权益资金成本越高（Hollisas et al.，2009)。

现有文献对风险信息如何影响资本成本并无一致结论，也未关注具有信息识别优势的银行如何看待风险信息披露以及如何据此调整贷款合约，因此，年报风险信息披露提供了何种信息及如何影响贷款利率值得深入探讨。年报风险信息兼有信息与风险的双重属性，其经济后果具有不确定性。有文献从权益资本成本角度研究年报风险信息披露的经济后果（Hollisas et al.，2009；王雄元和高曦，2018)，但权益投资者可能更关注系统性风险而信贷投资者可能更关注财务风险（Chiu et al.，2017）。也有文献从债券信用价差角度研究年报风险信息披露的经济后果（Chiu et al.，2017），但债券投资者为信息获取与处理能力较弱的公众，而银行具有信息处理与获取方面的双重优势（Plumlee et al.，2015），更能理解年报风险信息的经济内涵。因此，从银行贷款利率角度研究年报风险信息披露的经济后果相对于其他角度更有优势，更能体现年报风险信息的实质。

3.2.2 假设提出

披露“坏消息”能提高投资者对未来现金流的风险感知进而增加资本成本，披露“好消息”能降低投资者对未来现金流的风险感知进而降低资本成本（Kothari et al.，2009）。风险犹如黑匣子，不同市场参与者对风险的估计偏差较大。风险披露犹如打开了这个黑匣子，有利于市场参与者充分了解公司风险状况进而更准确评估公司价值，这将降低信息不对称程度进而降低了资本成本。但风险信息本身所表达的不确定性又具备独特的风险特性，异质性较强，市场参与者对风险的感知水平差异较大，尤其当风险披露无法获得市场参与者的信任或让其感知到更大风险时，将会增加资本成本（Plummer and Tse，1999）。

趋同观认为年报风险信息披露可能提供异质性较弱的一般信息，有助于提高信息质量（Elmy et al.，1998），进而降低资本成本（Diamond and Verrecchia，1991）或贷款利率（Drago and Gallo，2018）。首先，年报风险信息披露可以是对已知风险进行充分解释，也可以是确切的未知风险因素，从而更新了公司的风险状态，增加了一般信息的供给量，这些信息有助于降低银企间的信息不对称，帮助银行正确评估公司信贷风险（Hodder et al.，2001；Hope et al.，2016），进而降低贷款利率（Chiu et al.，2017）。其次，管理层将公司风险坦诚地公之于众，表明公司进行了合理范围内的风险投资活动（Campbell et al.，2014），如果公司对风险及应对措施的披露非常清晰、到位，也表明公司对风险因素有精准把控，有足够信心应对和解决这些风险因素，这有助于获得市场参与者的认可，增强市场信心（Hodder et al.，2001）和提高企业声誉（Dhaliwal et al.，2011）。而声誉越高，风险溢价较小，贷款利率越低（Sengupta，1998）。最后，年报风险信息披露能让银行对企业未来盈余的波动性有更直观的认识，使其定价更为准确，降低由于其不确定性要求的风险补偿（Klein and Bawa，1976）。因此，在趋同观下年报风险信息将降低银行贷款利率。

趋异观认为年报风险信息披露可能提供异质性较强的风险特质信息，进而提高信息使用者的风险感知水平，而风险越大，贷款利率越高（Berger and Udell，1990）。首先，公司披露更多异质性风险信息，说明公司自身风险较大（Li，2006），而公司风险越大，资本成本越高（Kothari et al.，2009），银行也会随风险增加而提高贷款利率。其次，年报风险披露带给市场参与者的是未来业绩范围而不是未来业绩水平的信息，市场参与者对这些信息的判断呈现较强异质性（Kim and Verrecchia，1991），当银行对企业未来风险的判断并不确定时，基于风险规避的考虑，一般会高估风险并提高贷款利率。最后，如果公司披露很多风险信息，又未充分交代风险成因及其应对措施，将会显著提高市场参与者的风险感知水平，甚至引发市场参与者对未知风险的恐惧，并显著增加股票回报波动率和交易量（Kravet and Muslu，2013；Campbell et al.，2014）。银行将提高公司风险评估水平（Kravet and Muslu，2013），提高贷款利率。因此，在趋异观下年报风险信息将提高银行贷款利率。

据此，提出本书的两个对立假说。

趋同假说1：年报风险信息披露越多，银行贷款利率越低。

趋异假说2：年报风险信息披露越多，银行贷款利率越高。

3.3 研究设计

3.3.1 样本选择与数据来源

我国强制要求公司在年报中披露风险信息始于2007年，同时为避免年报风险信息与银行贷款利率间可能存在的内生性，本书将银行贷款利率做滞后一期处理，因此本书银行贷款数据期间为2008—2017年而年报风险信息披露数据期间为2007—2016年。2008—2017年共有7507条含有利率信息的银行贷款数据，而后剔除180条政策性银行贷款数据，48条金融行业贷款数据，以及2221条年报风险信息披露数据缺失以及719条其他变量缺失的银行贷款数据，最后得到714家公司的4339条“公司—年度—贷款利率”数据。本书通过Python软件从年报中提取风险信息数据，并结合国泰安数据库与锐思数据库中的银行贷款数据以及巨潮资讯披露的上市公司贷款公告手工整理获取银行贷款数据，其他数据取自国泰安数据库。为避免异常值的影响，本书对主要变量进行了上下1%的Winsorize缩尾处理。

3.3.2 模型与变量定义

公司披露存在固有模式（Lehavy et al.，2011），使用差分形式表示风险信息披露水平有助于消除披露惯性对回归结果的影响，也有助于缓解相关的遗漏变量问题（Kravet and Muslu，2013）。本书参考 Kravet 和 Muslu（2013）以及 Kim 等（2017）的做法设立贷款层面的一阶差分模型（1），以检验年报风险信息披露对银行贷款利率的影响：

$$Loanrate_{i,t+1} = \alpha_0 + \beta_1 \Delta RiskDis_{i,t} + \beta_2 \Delta FirmControl_{i,t} + \beta_3 LoanControl_{i,t+1} + \beta_4 \Delta EconomyControl_{i,t+1} + \beta_5 IndustryFE + \beta_6 YearFE + \varepsilon_{i,t} \quad (1)$$

被解释变量贷款利率 Loanrate，用每笔银行贷款的利率衡量。年报风险信息披露水平 ΔRiskDis，采用董事会报告中未来展望部分当年风险关键词（“风险”“不确定”“影响”“波动”和“潜在”）字数与上年风险关键词字数之差衡量（Kravet and Muslu，2013），指标越大表明公司风险信息披露越多。ΔRiskDis 的回归系数 β_1 显著为负可验证趋同假说 1，而 β_1 显著为正则可验证趋异假说 2。

本书参考赵刚等（2014）以及 Kim 等（2017）等的做法控制如下变量：（1）公司层面变量 FirmControl，资产的自然对数 Size，账面市值比 MB，股权性质 SOE，违约风险 OScore，固定资产占总资产的比重 Tangibility，资产收益率 ROA，经营活动现金净流量除以总资产 CFO，监事会规模 Supervisor，独立董事人数 Indirector，分析师跟踪人数加 1 的自然对数 Follower，是否四大审计 Big4；（2）贷款层面变量 LoanControl，贷款金额的自然对数 Logloansize，贷款期限加 1 的自然对数 Logmaturity，是否提供担保 Collateral，贷款目的 LoanPurpose[①]；（3）宏观经济层面变量 EconomyControl，地区金融市场化进程指数 FMC。

① 贷款用于生产经营（占比45.19%）取值1，用于项目建设（占比17.47%）取值2，用于其他目的取值3。

3.3.3　描述性统计

表3-1为主要变量的描述性统计结果。数据显示：（1）年报风险信息披露ΔRiskDis均值为2.3747，说明公司年报风险信息披露每年变化较小，标准差为14.7316说明公司之间年报风险信息披露的差异性较大；（2）贷款利率Loanrate均值为6.2241%，标准差为2.0112，说明贷款利率差异适中；（3）贷款金额Loansize均值为3.1344亿元，标准差为4.8244，说明单笔银行贷款金额较大且存在较大差异；（4）贷款期限Maturity均值为2.1284年，中位数为1年，标准差为2.0957，说明样本以中短期贷款为主（袁卫秋和刘春江，2013），贷款期限差异较大且分布有偏；（5）是否有抵押Collateral均值为0.4441，说明44.41%的银行贷款提供了抵押、保证或质押。

表3-1　　　　变量描述性统计分析

变量	样本量	均值	中位数	标准差	最小值	最大值
ΔRiskDis	4339	2.3747	1.0000	14.7316	-34.0000	60.0000
Loanrate	4339	6.2241	6.0000	2.0112	2.7500	14.0000
Loansize	4339	3.1344	1.5000	4.8244	0.0650	30.0000
Logloansize	4339	18.7688	18.8261	1.2982	15.6873	21.8219
Maturity	4339	2.1284	1.0000	2.0957	0.2500	12.0000
Logmaturity	4339	0.9994	0.6931	0.4829	0.2231	2.5649
Collateral	4339	0.4441	0.0000	0.4969	0.0000	1.0000

3.3.4　相关系数表

表3-2为主要变量的相关系数表。数据显示：（1）年报风险信息披露ΔRiskDis与贷款利率Loanrate在1%水平上显著负相关，即年报风险信息披露越多，银行贷款利率越低，说明我国年报风险信息披露提供了异质性较弱的公共信息而不是异质性较强的特殊信息，从而支持了本章的信息观假设1；（2）其他贷款指标方面，年报风险信息披露ΔRiskDis与贷款规模Logloansize无显著关系，与贷款期限Logmaturity显著正相关，而与是否有抵押Collateral显著正相关，说明年报风险信息披露越多，要求企业提供抵押贷款的可能性越高。这可能是因

为抵押（Jensen and Meckling，1976）是银行的自我保护机制，银行在给予公司较低利率贷款的同时要求企业提供抵押，说明年报风险信息虽然通过提高信息质量降低了贷款成本，但银行仍有所顾忌，采取了要求公司提供抵押等方面的保全措施（Rahman et al.，2018）。

表 3-2　　　　相关系数表

变量	ΔRiskDis	Loanrate	Logloansize	Logmaturity	Collateral	ΔSize
Loanrate	-0.0754***	1				
Logloansize	-0.0098	0.0898***	1			
Logmaturity	0.0452***	0.0119	0.2881***	1		
Collateral	0.0485***	0.2212***	0.0100	0.1668***	1	
ΔSize	0.0917***	0.0790***	0.0286*	0.0405***	0.0955***	1

注：***、**、*分别表示在1%、5%、10%水平上显著。

3.4　实证分析

3.4.1　基本回归结果分析

表3-3第（1）至第（3）列为年报风险信息披露与银行贷款利率的基本回归结果，其中第（1）列未控制任何特征变量，第（2）列控制了企业特征以及年度、行业固定效应但未控制贷款特征变量，第（3）列同时控制了企业特征、年度及行业固定效应以及贷款特征变量。数据显示：年报风险信息披露ΔRiskDis与银行贷款利率Loanrate在1%水平上显著负相关，说明我国年报风险信息披露提供了异质性较弱的一般信息，可以通过提高信息透明度进而降低了贷款利率，即本文趋同假说得以验证。

同时本书参考Kravet和Muslu（2013）的做法，分别采用未来展望部分前后两年风险关键词词数之差、年报部分前后两年风险关键词字数之差、年报部分前后两年风险关键词词数之差度量年报风险信息披露水平ΔRiskDis。表3-3第

（4）至第（6）列的回归结果显示，年报风险信息披露 ΔRiskDis 与银行贷款利率 Loanrate 在 1% 或 5% 水平上显著负相关。

表 3－3　　　　年报风险信息披露与银行贷款利率

变量	基本回归结果			改变解释变量计量方式的稳健性检验		
	单变量	不控制贷款特征	控制贷款特征	未来展望部分前后两年风险关键词词数之差	年报部分前后两年风险关键词字数之差	年报部分前后两年风险关键词词数之差
	(1)	(2)	(3)	(4)	(5)	(6)
ΔRiskDis	－0.0103*** （－4.9812）	－0.0046*** （－2.7595）	－0.0049*** （－2.9352）	－0.0098*** （－2.8508）	－0.0012** （－2.2579）	－0.0024** （－2.2383）
ΔSize		－0.0304 （－0.3053）	－0.0642 （－0.6468）	－0.0652 （－0.6568）	－0.0570 （－0.5698）	－0.0573 （－0.5723）
ΔMB		0.0831** （2.1923）	0.0863** （2.2826）	0.0860** （2.2737）	0.0876** （2.3133）	0.0873** （2.3069）
SOE		－0.8287*** （－14.1763）	－0.8192*** （－13.7408）	－0.8191*** （－13.7384）	－0.8223*** （－13.7854）	－0.8222*** （－13.7835）
ΔOScore		－0.0226 （－1.2849）	－0.0222 （－1.2679）	－0.0220 （－1.2584）	－0.0202 （－1.1529）	－0.0202 （－1.1517）
ΔTangibility		－0.4154 （－1.0659）	－0.3869 （－0.9963）	－0.3871 （－0.9966）	－0.3902 （－1.0039）	－0.3888 （－1.0003）
ΔROA		－1.1129** （－2.2962）	－1.0031** （－2.0735）	－0.9998** （－2.0667）	－1.0123** （－2.0899）	－1.0102** （－2.0857）
ΔCFO		－0.3885 （－1.3579）	－0.5010* （－1.7525）	－0.4992* （－1.7462）	－0.5227* （－1.8284）	－0.5231* （－1.8296）
ΔSupervisor		－0.0843 （－1.5331）	－0.0908* （－1.6555）	－0.0911* （－1.6599）	－0.0872 （－1.5893）	－0.0869 （－1.5823）
ΔIndirector		0.0508 （0.5945）	0.0823 （0.9657）	0.0843 （0.9892）	0.0892 （1.0469）	0.0891 （1.0452）
ΔFollower		－0.0044 （－0.0378）	0.0372 （0.3185）	0.0386 （0.3312）	0.0464 （0.3976）	0.0469 （0.4016）
Big4		－0.6613*** （－5.5169）	－0.6352*** （－5.2874）	－0.6360*** （－5.2945）	－0.6351*** （－5.2837）	－0.6352*** （－5.2845）
ΔFMC		－0.2562 （－1.2218）	－0.2921 （－1.3979）	－0.2939 （－1.4065）	－0.2764 （－1.3211）	－0.2775 （－1.3268）

续表

变量	基本回归结果			改变解释变量计量方式的稳健性检验		
	单变量	不控制贷款特征	控制贷款特征	未来展望部分前后两年风险关键词词数之差	年报部分前后两年风险关键词字数之差	年报部分前后两年风险关键词词数之差
	(1)	(2)	(3)	(4)	(5)	(6)
Logloansize			0.0587*** (2.9022)	0.0588*** (2.9086)	0.0593*** (2.9320)	0.0593*** (2.9286)
Logmaturity			-0.2060*** (-3.8059)	-0.2060*** (-3.8053)	-0.2094*** (-3.8693)	-0.2095*** (-3.8707)
Collateral			0.2105*** (3.9347)	0.2102*** (3.9289)	0.2085*** (3.8969)	0.2084*** (3.8945)
Industry_FE	No	Yes	Yes	Yes	Yes	Yes
Year_FE	No	Yes	Yes	Yes	Yes	Yes
LoanPurpose	No	No	Yes	Yes	Yes	Yes
Constant	6.2485*** (202.5940)	5.9113*** (27.3177)	4.9008*** (11.6917)	4.8963*** (11.6811)	4.8913*** (11.6646)	4.8904*** (11.6626)
Observations	4339	4339	4339	4339	4339	4339
Adjusted_R^2	0.0055	0.4075	0.4132	0.4131	0.4127	0.4127
F	24.8127	73.7641	67.3980	67.3797	67.2665	67.2632

注：***、**、*分别表示在1%、5%、10%水平上显著，括号内为t值，下同。

3.4.2 稳健性检验

本书首先处理内生性问题。首先参考Campbell等（2014）的做法，采用两阶段最小二乘法（2SLS）解决变量遗漏问题。即在控制资产的自然对数Size、账面市值比MB、资产负债率Leverage、股价波动率StockVol、是否四大审计Big4以及日均换手率TurnoverDay等基础上对年报风险信息披露做第一阶段回归并估计残差Res，然后用其替换年报风险信息披露ΔRiskDis对银行贷款利率做第二阶段回归。其次参考赵刚等（2014）的研究，采用Heckman两步估计法缓解样本自选择问题。即在控制股价波动率StockVol、流动比率CurrentRatio、净资产收益率ROE、营业收入增长率Growth、经营活动现金净流量除以总资产CFO、应收账款周转率RecTurnover、账面市值比MB、第一大股东持股比率Largeshr以及董事会人数Director 等因素的基础上对公司是否披露贷款利率做第一阶段回归，并估计逆米尔斯比率 IMR，再将 IMR 加入主回归中对银行贷款利率做第二阶段回归。表 3 – 4 第（2）列控制遗留变量的内生性问题以及表 3 – 4 第（4）列控制 IMR 后的回归结果显示：年报风险信息披露 ΔRiskDis 仍与贷款利率 Loanrate 在 1% 水平上显著负相关。

表 3 – 4　　　　解决内生性的稳健性检验

变量	2SLS				Heckman 两步估计法		
	第一阶段	变量	第二阶段	变量	第一阶段	变量	第二阶段
	风险信息披露		贷款利率		是否披露利率		贷款利率
	(1)		(2)		(3)		(4)
ΔSize	5.3202 *** (6.1161)	Res	−0.0050 *** (−2.9703)	ΔStockVol	−3.8533 *** (−3.2145)	ΔRiskDis	−0.0050 *** (−2.9797)
ΔMB	0.3601 (1.0236)			ΔCurrentRatio	−0.0097 *** (−4.1969)	IMR	−0.2051 (−0.1309)
ΔLeverage	−4.2334 *** (−3.3276)	ΔSize	−0.0918 (−0.9300)	ΔROE	0.0006 (0.2675)	ΔSize	−0.0761 (−0.7567)
ΔStockVol	13.4576 (0.3182)	ΔMB	0.0845 ** (2.2347)	ΔGrowth	−0.0000 (−1.4940)	ΔMB	0.0851 ** (2.0500)
Big4	1.2226 (1.1272)	SOE	−0.8193 *** (−13.7422)	ΔCFO	−0.0063 (−0.1230)	SOE	−0.8194 *** (−13.7403)
ΔTurnoverDay	−22.7363 * (−1.8415)	ΔOScore	−0.0217 (−1.2374)	ΔRecTurnover	−0.0000 (−0.1039)	ΔOScore	−0.0248 (−1.3941)
		ΔTangibility	−0.3934 (−1.0128)	ΔMB	0.0138 (1.5006)	ΔTangibility	−0.4289 (−1.0943)
		ΔROA	−1.0244 ** (−2.1164)	ΔLargeshr	0.0016 (1.2045)	ΔROA	−1.0737 ** (−2.1896)
		ΔCFO	−0.5036 * (−1.7619)	ΔDirector	−0.0136 * (−1.8508)	ΔCFO	−0.5224 * (−1.8201)
		Controls	Yes			Controls	Yes
Industry_FE	Yes	Industry_FE	Yes	Industry_FE	Yes	Industry_FE	Yes
Year_FE	Yes	Year_FE	Yes	Year_FE	Yes	Year_FE	Yes
LoanPurpose	No	LoanPurpose	Yes	LoanPurpose	No	LoanPurpose	Yes
Constant	4.4289 ** (2.2730)	Constant	4.8737 *** (11.6320)	Constant	1.5869 *** (26.0366)	Constant	4.9336 *** (10.0227)
Observations	4339	Observations	4339	Observations	85003	Observations	4335
Adjusted_R^2	0.0885	Adjusted_R^2	0.4132	Pseudo R^2	0.0833	Adjusted_R^2	0.4133
F	13.3808	F	67.4057	chi2	3906.4174	F	65.9662

此外，本书还做了如下稳健性检验。表3－5第（1）列改换非一阶差分的固定效应模型排除披露惯性的可能影响。表3－5第（2）列只保留“风险”和“不确定”两个最主要的风险关键词（Kravet and Muslu，2013），消除风险关键词范围过大产生的可能影响。表3－5第（3）列删除授信业务，消除授信业务导致的数值重复计算或者多计算问题的可能影响。表3－5第（4）列参考Hope等（2016）的做法，通过按照行业风险信息披露水平调整年报风险信息披露ΔRiskDis，消除行业风险信息披露水平对公司风险信息披露的“溢出效应”（Brown et al.，2018）的影响。由于银企的密切关系会使利率更优惠（Donker et al.，2018），表3－5第（5）列参考Hasan等（2017）的做法，通过删除具有重复借贷关系的贷款样本，排除银企关系对本文结论的可能影响。表3－5第（6）列参考赵刚等（2014）的做法使用一年期央行贷款基准利率调整银行贷款利率，消除基准利率变化的可能影响。经过上述处理后的所有回归结果均显示，年报风险信息披露ΔRiskDis与贷款利率Loanrate仍在1%水平上显著负相关，从而证明了本书结果的稳健性。

表3－5　稳健性检验

变量	非一阶差分固定效应模型	关键词只保留风险和不确定	排除授信业务影响	排除同行业风险披露的影响	排除银企关系影响	排除基准利率影响
	(1)	(2)	(3)	(4)	(5)	(6)
ΔRiskDis	-0.0030* (-1.8969)	-0.0062** (-2.3210)	-0.0067*** (-3.0224)	-0.0040*** (-2.6600)	-0.0060*** (-2.7445)	-0.0049*** (-2.9352)
Controls	Yes	Yes	Yes	Yes	Yes	Yes
Firm_FE	Yes	No	No	No	No	No
Industry_FE	No	Yes	Yes	Yes	Yes	Yes
Year_FE	Yes	Yes	Yes	Yes	Yes	Yes
LoanPurpose	Yes	Yes	Yes	Yes	Yes	Yes
Constant	14.9494*** (3.9724)	4.8884*** (11.6593)	5.1159*** (9.3493)	4.8893*** (11.6643)	4.5865*** (8.2121)	0.9695** (2.2335)
Observations	4339	4339	3150	4339	2760	4339
Adjusted_R^2	0.6809	0.4127	0.4024	0.4130	0.3871	0.4008
F	13.5250	67.2773	47.0931	67.3404	38.8747	64.0718

3.5　基于信息质量和风险的中介效应检验

3.5.1　基于信息总体质量水平的中介效应检验

本书参照周开国等（2014）的做法采用分析师盈余预测偏差 AnalystError[①]衡量信息质量，分析师盈余预测偏差越小，信息透明度越高，信息质量越好（谢盛纹和陶然，2017）。同时使用中介效应模型（温忠麟和叶宝娟，2014）检验年报风险信息披露是否通过提高信息质量进而降低银行贷款利率。表3－6第（1）列的回归结果显示：年报风险信息披露 ΔRiskDis 与分析师盈余预测偏差 ΔAnalystError 的回归系数为－0.0056且在1%水平上显著。表3－6第（2）列在表3－4第（3）列基础上进一步控制分析师盈余预测偏差 ΔAnalystError，结果显示：分析师盈余预测偏差 ΔAnalystError 与银行贷款利率 Loanrate 的回归系数为0.0018但不显著，年报风险信息披露 ΔRiskDis 与银行贷款利率 Loanrate 的回归系数为－0.0049且在1%水平上显著。依据温忠麟和叶宝娟（2014）的做法，由于分析师盈余预测偏差 ΔAnalystError 与银行贷款利率 Loanrate 的回归系数0.0018不显著，需要使用 Bootstrap 法[②]检验年报风险信息披露 ΔRiskDis 与分析师盈余预测偏差 ΔAnalystError 回归系数－0.0056以及分析师盈余预测偏差 ΔAnalystError 与银行贷款利率 Loanrate 回归系数0.0018乘积的间接效应是否显著，表3－6第（2）列最后一行 Bootstrap 法检验两者系数乘积间接效应的Z值结果为－2.3600且在5%水平上显著，说明两者系数乘积的间接效应显著。而后再比较－0.0056×0.0018与年报风险信息披露 ΔRiskDis 和银行贷款利率 Loanrate 回归系数－0.0049的符号，符号相同说明分析师盈余预测偏差表示的信息质量是年报风险信息披露影响银行贷款利率的不完全中介。

---

① 为使数据更加符合正态分布，本书对分析师盈余预测偏差 AnalystError、行业集中度 HHI 以及主营业务收入连续三年标准离差率 Risk 都进行了标准化处理。

② 本书研究使用 Bootstrap 法进行了500次的随机抽样。

表 3-6 信息质量和风险的中介效应检验

变量	是否提高了总体信息质量水平		年报风险信息披露是否降低了银行风险感知水平？			
	分析师盈余预测偏差	贷款利率	行业集中度	贷款利率	主营业务收入连续三年标准离差率	贷款利率
	(1)	(2)	(3)	(4)	(5)	(6)
ΔRiskDis	-0.0056*** (-5.5270)	-0.0049*** (-2.9183)	0.0032*** (3.7051)	-0.0045*** (-2.6944)	-0.0020** (-1.9937)	-0.0048*** (-2.8589)
ΔAnalystError		0.0018 (0.0727)				
ΔHHI				-0.1287*** (-4.2857)		
ΔRisk						0.0632** (2.5225)
Controls	Yes	Yes	Yes	Yes	Yes	Yes
Industry_FE	Yes	Yes	Yes	Yes	Yes	Yes
Year_FE	Yes	Yes	Yes	Yes	Yes	Yes
LoanPurpose	Yes	Yes	Yes	Yes	Yes	Yes
Constant	-0.3868 (-1.5259)	4.9015*** (11.6889)	-0.5407** (-2.5421)	4.8313*** (11.5403)	0.0297 (0.1165)	4.8990*** (11.6945)
Observations	4339	4339	4339	4339	4339	4339
Adjusted_R^2	0.1321	0.4130	0.3889	0.4155	0.1196	0.4139
F	15.3485	65.9488	61.0125	66.6217	13.8051	66.1818
Bootstrap Z 值		-2.3600**				

3.5.2 基于年报风险信息披露是否降低企业风险的中介效应检验

行业集中度越高，行业内竞争越不激烈，经营风险越小，反之则经营风险越大，说明企业面临的风险越大（邢立全和陈汉文，2013）。本书使用行业集中度 HHI（邢立全和陈汉文，2013）衡量企业风险水平，同时使用中介效应模型（温忠麟和叶宝娟，2014）检验年报风险信息披露是否通过降低企业风险影响银行贷款利率。表 3-6 第（3）列的回归结果显示：年报风险信息披露 ΔRiskDis 与行业集中度 ΔHHI 的回归系数为0.0032 且在1%水平上显著，说明年报风险信息披露降低了企业风险。表3－6第（4）列在表3－3第（3）列基础上进一步控制行业集中度ΔHHI，结果显示：行业集中度ΔHHI与银行贷款利率Loanrate的回归系数为－0.1287且在1%水平上显著，年报风险信息披露ΔRiskDis与银行贷款利率Loanrate的回归系数为－0.0045且在1%水平上显著。由于年报风险信息披露ΔRiskDis和行业集中度ΔHHI的回归系数0.0032以及行业集中度ΔHHI和银行贷款利率Loanrate的回归系数－0.1287均显著，按照温忠麟和叶宝娟（2014）的做法，只需要比较－0.1287×0.0032和－0.0045的符号，符号相同说明行业集中度表示的企业风险是年报风险信息披露影响银行贷款利率的不完全中介。

主营业务收入连续三年标准离差率越大时，企业风险越大（Eriksson，1999）。本书使用主营业务收入连续三年标准离差率Risk（Eriksson，1999）衡量企业风险水平，同时使用中介效应模型（温忠麟和叶宝娟，2014）检验年报风险信息披露是否通过降低企业风险影响银行贷款利率。表3－6第（5）列的回归结果显示：年报风险信息披露ΔRiskDis与主营业务收入连续三年标准离差率ΔRisk的回归系数为－0.0020且在5%水平上显著，说明年报风险信息披露越多，企业风险越小。表3－6第（6）列在表3－3第（3）列基础上进一步控制主营业务收入连续三年标准离差率ΔRisk，结果显示：主营业务收入连续三年标准离差率ΔRisk与银行贷款利率Loanrate的回归系数为0.0632且在5%水平上显著，年报风险信息披露ΔRiskDis与银行贷款利率Loanrate的回归系数为－0.0048且在1%水平上显著。由于年报风险信息披露ΔRiskDis和主营业务收入连续三年标准离差率ΔRisk的回归系数－0.0020以及主营业务收入连续三年标准离差率ΔRisk和银行贷款利率Loanrate的回归系数0.0632均显著，需要比较－0.0020×0.0632和－0.0048的符号，符号相同说明主营业务收入连续三年标准离差率表示的企业风险是年报风险信息披露影响银行贷款利率的不完全中介。

3.6 进一步分析

3.6.1 货币政策的影响

货币紧缩期，银行更愿意将贷款分配给不确定性较低的借款人（李志军和王善平，2011），也更可能关注借款人的软、硬消息（Boot，2000），贷款审批更加严格，贷款申请获批率显著下降（Jiménez et al.，2012）。银行为了降低信贷风险会以较低利率给项目风险较低的借款人发放贷款，而部分愿意以更高利率贷款的借款人却无法获得贷款（Stiglitz and Weiss，1981）。公司如实披露企业面临的各种风险，有利于增强市场信心，也有利于增加银行对公司的全面了解，降低其风险感知水平，进而可能降低银行贷款利率（Drago and Gallo，2018）。货币宽松期，银行可支配的信贷资源相对较多，银行更可能降低贷款利率（饶品贵和姜国华，2011），放松客户风险评估、降低信贷标准，以争夺信贷客户，因此年报风险信息披露在货币政策宽松期的银行信贷风险评估中发挥的作用相对有限。本书参考靳庆鲁等（2012）的做法使用广义货币 M2 增长率衡量货币政策，M2 增长率小于样本均值时货币政策趋于紧缩，反之货币政策较为宽松。表 3 – 7 第（1）、第（2）列的分组回归结果显示：年报风险信息披露 ΔRiskDis 与银行贷款利率 Loanrate 的显著负相关关系主要体现在货币政策紧缩组，说明货币紧缩期，年报风险信息披露有助于降低贷款利率。

表 3 – 7　　进一步分析

变量	货币政策		股权性质		第一大股东持股比例	
	紧缩期	宽松期	国有企业	非国有企业	小于均值	大于均值
	(1)	(2)	(3)	(4)	(5)	(6)
ΔRiskDis	−0.0119*** (−4.0437)	−0.0025 (−1.1607)	−0.0027 (−1.6192)	−0.0106*** (−2.6762)	−0.0101*** (−4.3139)	−0.0008 (−0.3402)
Controls	Yes	Yes	Yes	Yes	Yes	Yes
Industry_FE	Yes	Yes	Yes	Yes	Yes	Yes
Year_FE	Yes	Yes	Yes	Yes	Yes	Yes
LoanPurpose	Yes	Yes	Yes	Yes	Yes	Yes
Constant	7.0308*** (9.1832)	4.9491*** (9.2850)	6.4694*** (15.6790)	0.4327 (0.4198)	4.3708*** (7.1942)	4.9854*** (8.2253)
Observations	1730	2609	3013	1326	2123	2216
Adjusted_R^2	0.4166	0.4161	0.4670	0.3352	0.4292	0.4223
F	28.4362	41.4078	60.9755	16.1846	35.6819	36.1995

3.6.2　股权性质的影响

国有企业与政府关系较为密切且存在预算软约束，其银行贷款更容易受到政府直接干预（江伟和曾业勤，2013）。国有企业有政府的隐性担保，更容易获得较优惠的贷款条件。会计信息质量对国有企业的债务融资条件影响较弱（孙铮等，2006），国有企业改善信息披露质量的动机较小，信息披露质量较差（王雄元等，2017），银行对其风险信息披露的敏感度较低。非国有企业会因产权性质遭受“信贷歧视”（江伟和曾业勤，2013），获取银行贷款的难度较大。非国有企业也常被认为信贷风险较大，银行会对其风险信息披露更为关注，因此非国有企业更有动机通过增加风险信息披露来降低与银行之间的信息不对称程度，以争取更有利的银行贷款条件。表3－7第（3）、第（4）列按照股权性质分组的回归结果显示：年报风险信息披露 ΔRiskDis 与贷款利率 Loanrate 的显著负相关关系主要体现在非国有企业组，说明年报风险信息披露有助于降低非国有企业的贷款利率。

3.6.3　公司治理的影响

公司治理较好，信息披露质量较高（Core，2001），内部人扭曲信息披露的行为相对较少（尹志宏等，2010）。因此，公司治理较好时，年报风险信息披露质量更高，银行可以从年报风险信息披露中获取可信的软信息，合理评估公司风险，进而给予较低的贷款利率。公司治理较差时，公司风险更大，年报风险信息披露质量不高，银行无法从年报风险信息披露中全面了解公司风险状况，进而可能提高贷款利率或不提供贷款。本书参照尹志宏等（2010）的做法，使用第一大股东持股比例衡量公司治理水平，第一大股东持股比例小于均值时公司治理水平较好，反之公司治理水平较差。表3－7第（5）、第（6）列的分组回归结果显示：年报风险信息披露 ΔRiskDis 与银行贷款利率 Loanrate 的显著负相关关系主要体现在第一大股东持股比例较低组，说明公司治理越好时，年报风险信息披露才有助于降低银行贷款利率。

3.7　结论与不足

本书研究表明我国年报风险信息披露通过提高信息透明度、降低银行风险感知水平进而降低了贷款利率，更符合趋同假说，有助于丰富风险信息披露文献与贷款利率文献。本书研究结果表明我国年报风险信息披露并未提供异质性较强的特殊性信息，这与监管机构强制要求披露风险信息的初衷并不吻合，因此，监管机构可能需要调整制度规定或加强事后惩罚力度，以引导公司披露更多的风险信息。此外，贷款利率相对于贷款规模等更能全面反映贷款合约，但公司披露的贷款利率信息较少，监管部门应进一步规范公司贷款利率的信息披露。本书样本选择不可避免地存在偏差，但本书通过 Heckman 两阶段估计法对样本自选择问题进行了处理，使本书结论具有一定可信性。

第4章　年报风险信息披露与审计费用：基于文本余弦相似度视角*

4.1　引　言

年报中的非财务信息尤其是风险信息与审计行为密切关联。一方面，年报中的非财务信息需要更高程度的鉴证服务（Beattie and Pratt，2001）。国际会计准则理事会在2009年MD&A草案和2010年国际财务报告准则实务公告中规范了“管理层讨论与分析”（简称MD&A）鉴证的具体程序和保证程度等问题。2011年国际审计与鉴证准则理事会和美国上市公司会计监管委员会均认为应对MD&A实施鉴证，提高其完整性和可靠性，增强审计报告的有用性。另一方面，公司年报“管理层分析与讨论”部分需要针对企业自身特点进行风险揭示，充分、准确、具体地披露可能对未来发展战略和经营目标产生不利影响的重要风险因素，而风险导向审计模式要求审计师充分识别、评估和判断影响公司经济活动的风险因素。这些风险信息披露必然影响审计师的风险感知进而影响其审计行为，然而现有文献并未研究。

既有文献对风险信息披露是否有用以及具体发挥何种作用尚无定论，使其对审计费用的影响具有不确定性。无用观（Null Argument）认为，风险信息披露过于样板化，没有信息含量（Schrand and Elliott，1998），因而可能不影响审计费用。趋异观（Divergence Argument）认为，风险信息异质性较强，揭示了未知的风险因素，增加了信息使用者的风险感知（Li，2006），审计师可能需要执行额外的审计程序从而可能增加审计费用。趋同观（Convergence Argument）观点认为，风险信息异质性较弱，增加了公共信息供给量，揭示了公司已知风险

---

* 本章内容已刊发于《审计研究》2018年第5期，参见：王雄元，高曦，何捷. 年报风险信息披露与审计费用——基于文本余弦相似度视角［J］. 审计研究，2018（05）：98－104.

因素和突发事件，降低了信息使用者的风险感知（Hope et al.，2014），因此，审计师省去部分审计程序从而降低审计费用。如果年报风险信息披露相似度高源自公司没有新增风险，那么审计师基于对过去事项的了解，可能会节省部分审计程序与工作量，进而降低审计费用。如果年报风险信息披露相似度高源自公司隐藏了风险，那么审计师需要对新增风险执行更多审计程序，进而可能提高审计费用。因此，需要结合信息环境、管理层意图以及公司固有风险等因素正确解读年报风险信息相似度的经济内涵。

本书基于2007—2016年上市公司年报MD&A中有关风险信息披露的文本，首次从文本相似度角度研究年报风险信息披露对审计费用的影响。研究发现：年报风险信息披露的余弦相似度与审计费用显著负相关，而且这种显著负相关主要体现在信息质量较高组、公司显性风险较小组，说明年报风险信息披露的余弦相似度较高是因为公司没有新增风险，并非隐藏了风险，同时也说明我国年报风险信息披露可能提供了异质性较弱的风险信息（王雄元、高曦，2018），有助于降低审计费用。本书研究有助于丰富审计费用文献与风险信息披露文献，同时对年报风险信息披露制度的改进具有借鉴意义。

4.2 文献综述

MD&A是年报中最重要、最有信息含量的部分（Taecar，1998），主要披露管理层对已发生重要事项的理解、对重大风险的评价以及对未来前景的展望，内容涉及流动性、资本状况、运营结果、合同义务、风险评价等诸多方面，能满足信息使用者对相关性、前瞻性信息的需求。业绩较好（Clarkson and Richardson，1999），规模越大、融资需求越大、专有化成本越低（Clarkson et al.，1994），治理越好（李常青等，2008），MD&A信息质量越高。此外，经济及股价变动与公司MD&A相似度负相关（Brown and Tucker，2011）。MD&A中的订单数量（Francis et al.，2003）、营运支出计划（Bryan et al.，1997）、商店数和同行业销售增长率（Lundholm and McVay，2004）、管理层对存货异常增长的正面解释（Sun，2010）以及风险（Li，2010）等特定类别非财务信息，对公司未来盈余及同期股票回报具有解释力，对分析师预测也有影响。而且披露质量越高（Barron et al.，1999；薛爽等，2010），增量信息越多（Stephen and Jennifer，2011），MD&A 的上述经济后果越强。

风险信息是 MD&A 中重要的非财务信息，具有信息与风险的双重属性。风险信息可解释已知风险因素和突发事件，提供异质性较弱的公共信息，从而增加信息透明度（Elmy et al.，1998；Roulstone，1999）。风险信息可以揭示以前未知的风险因素，提供异质性较强的特殊信息，增加信息使用者的风险感知，从而降低年报可读性（Kim and Verrecchia，1991）。经济后果方面的研究发现，风险披露增加时，资本成本更高（Li，2006），股票回报波动率和交易量以及分析师预测分歧度、修正程度更大（Kravet and Mulsu，2013），市场反应越大、交易量越多（Hope et al.，2014），未来盈利能力相对较差（吴运建、商行，2013）。此外，风险信息对信息不对称和公司价值都有影响，有助于市场预测企业未来两年的收益变化（Campbell，2014）。影响因素方面的研究发现，风险（法律风险、经营风险）更大（Li，2006），专有化成本较低（Hope et al.，2014），本年经营业绩和市场表现较差（吴运建、商行，2013），风险信息披露越多。因此，公司需要权衡利弊、收益成本确定风险信息披露策略。

风险信息披露通过影响市场参与者的风险感知进而引发系列经济后果，现有文献研究了分析师以及投资者的反应，但未关注注重风险的审计师的反应，而且风险信息异质性的强弱影响其经济后果，异质性较弱的风险信息通过提高信息透明度进而降低融资成本，异质性较强的风险信息通过提高风险感知进而提高融资成本（王雄元、高曦，2018）。然而，审计师如何看待我国风险信息披露尤待探究。

4.3　假设提出

风险信息披露不仅可以直接影响审计师的风险感知，而且可能是审计师评估公司风险的重要信息源。但风险信息披露对审计师风险感知的影响较为复杂，比如 Feldman 等（2010）研究发现 MD&A 语气变动是否提供了额外信息受公司信息环境的影响，积极的管理层语调可能意味着管理层对公司未来发展的信心（Tetlock et al.，2008；Li，2010；谢德仁、林乐，2015），也可能是管理层刻意隐藏消息（Larcker and Zakolyukina，2012；程新生等，2015）。公司前瞻性信息披露存在明显的“报喜不报忧”倾向（Pava and Epstein，1993），业绩较好时MD&A披露更全面、反之披露质量更差（Clarkson and Richardson，1999）。从信息属性角度，如果风险信息披露提供了异质性较弱的信息，进而提高了信息透明度、降低了风险感知，那么它可能降低审计费用；如果风险信息披露提供了异质性较强的信息，进而降低了信息可读性、提高了风险感知，那么它可能增加审计费用。然而，年报风险信息披露传递的信息，受信息环境以及管理层意图的影响。

风险信息披露相似度反映风险增量信息的多寡，但审计师的风险感知不仅要受风险信息增量的影响，而且还要考虑信息环境。一方面，如果风险信息披露相似度高是因为公司确实没有新增风险，而非隐藏风险信息所致，那么它可能降低审计师风险感知并降低审计费用。当公司固有风险水平不变，又没有新增显性风险，且公司信息透明度较高时，风险信息披露相似度较高更可能是因为公司没有新增风险。在确实没有新增风险的情况下，审计师无须为既有风险执行额外的审计程序，相反由于只需重复去年的审计程序进而会节省部分审计费用。另一方面，如果风险信息披露相似度高是因为公司隐藏了风险信息所致，那么它可能提高审计师风险感知并增加审计费用。当公司固有风险水平提高，又有新增显性风险，且公司信息透明度较低时，风险信息披露相似度较高更可能是因为公司隐藏了风险。在公司隐藏风险的情况下，审计师需要为新增风险执行额外的审计程序，进而可能提高审计费用。

据此提出本书的两个对立假设。

假设1：公司自身风险越小，年报风险信息披露余弦相似度越高，下年审计费用越低。

假设2：公司隐藏动机越强，年报风险信息披露余弦相似度越高，下年审计费用越高。

4.4 研究设计

4.4.1 样本选择

我国年报风险信息披露始于2007年，因此，本书研究对象为2007—2016年年度报告中披露的风险信息。本书利用 Python 软件提取年报“重大风险提示”和“董事会报告”部分的风险因素段，剔除因披露格式不规范而无法提取的样本后，最终得到21244个风险信息披露数据。由于审计费用需要滞后一期，同时由于相似度必须以2007年为基准计算2008年及以后的数值，前后各损失一期数据后的最终样本为15609个。其他变量数据均取自 CSMAR 和 Wind 数据库，本书对所有连续变量进行了上下1%的 Winsorize 缩尾处理。

4.4.2 模型与变量说明

本书参照 Krishnan 等（2013）的做法建立如下检验模型：

$$\ln Fee_{t+1} = \alpha + \beta_1 RiskSimi_t + \beta_i \sum controls_t + \varepsilon \quad (1)$$

其中，lnFee 衡量审计费用，即下年审计费用的自然对数。年报风险信息披露余弦相似度 RiskSimi 度量前后两年风险段落的相似程度，数值越大说明相似度越高，提供的增量风险信息越少。根据前文推导，RiskSimi 的系数显著为正说明公司隐藏了风险信息进而提高了审计费用，RiskSimi 的系数显著为负说明公司没有新增风险进而降低了审计费用。本书参照 Brown and Tucker（2011）的做法基于向量空间模型（Vector Space Model），通过 Python 自然语言处理库 Gensim 软件包，将文档根据 TF－IDF、LDA、LSI 等模型转化成向量模式，计算年报风险信息披露余弦相似度 RiskSimi。控制变量 Controls 包括：公司规模 SIZE，资产负债率 LEV，总资产报酬率 ROA，账面市值比 BTM，应收账款比率 REC，可操纵应计利润 DA，存货比率 INV，流动比率 CRR，现金流量营业收入占比 ROC，股权性质 SOE，国际四大事务所 BIG4，当年是否亏损 LOSS，利润是否增长 INCGTH。

4.4.3 主要变量描述性统计与相关性分析

表4－1为主要变量描述性统计结果。数据显示：（1）审计费用 lnFee 均值为13.660、中位数为13.530，但方差只有0.750，说明审计费用数据分布合理，但差异不大；（2）年报风险信息披露的余弦相似度 RiskSimi 最大值为1，说明部分公司前后两年的风险信息披露完全一样，未提供任何增量风险信息，最小值为0，说明部分公司前后两年的风险信息披露完全不一样，提供了全新的增量风

险信息。均值为0.820，中位数为0.980，说明我国年报风险信息披露的总体相似度较高。

表4-1　　主要变量描述性统计

变量	样本量	均值	方差	中位数	最小值	最大值
lnFee	15609	13.660	0.750	13.530	12.300	16.590
RiskSimi	15609	0.820	0.340	0.980	0.000	1.000
SIZE	15609	21.970	1.140	21.890	14.990	27.220
LEV	15609	0.470	0.230	0.470	0.050	1.160
ROA	15609	0.180	0.360	0.080	-0.450	2.350

表4-2为变量相关系数表。数据显示：审计费用lnFee与年报风险信息披露的余弦相似度RiskSimi在1%水平上显著负相关，说明年报风险信息披露与上年的相似度越高，提供的增量风险信息越少，审计费用越低，这与假设1基本一致。

表4-2　　主要变量相关系数表

变量	lnFee	RiskSimi	SIZE	LEV	ROA
RiskSimi	-0.031***	1.0000			
SIZE	0.641***	0.0100	1.0000		
LEV	0.277***	-0.032***	-0.136***	1.0000	
ROA	-0.119***	0.017**	0.171***	-0.488***	1.0000

4.5　实证检验

4.5.1　基本检验

表4-3报告了年报风险信息披露余弦相似度与审计费用的回归结果，其中第（1）列为随机效应模型，第（2）列控制了公司固定效应，第（3）列为以销售收入排名第一的同行业公司是否因信息披露违规而被证监会处罚作为工具

变量（Brown et al.，2015）的两阶段回归。所有结果均稳健地显示：年报风险信息披露的余弦相似度 RiskSimi 与下期审计费用 lnFee 在5%及以上水平上显著负相关，说明增量风险信息越少，审计收费越低，从而验证了假设1。

表4-3　余弦相似度对审计费用的影响

变量	基本回归			控制其他重要影响因素		
	OLS	固定效应	工具变量	当年审计费用	风险段落长度	业绩下行风险
	(1)	(2)	(3)	(4)	(5)	(6)
RiskSimi	-0.032*** (-2.92)	-0.015** (-2.18)	-0.272*** (-2.99)	-0.022*** (-3.35)	-0.025** (-2.28)	-0.032*** (-2.92)
SIZE	0.370*** (69.72)	0.170*** (34.07)	0.399*** (105.27)	0.059*** (14.37)	0.370*** (69.66)	0.370*** (69.64)
LEV	0.901*** (37.33)	0.382*** (16.28)	0.868*** (37.84)	0.150*** (9.29)	0.900*** (37.31)	0.903*** (37.32)
ROA	-0.109*** (-6.45)	-0.018 (-1.58)	-0.146*** (-9.32)	-0.045*** (-4.43)	-0.109*** (-6.44)	-0.111*** (-6.27)
BTM	0.097** (2.26)	0.088 (1.60)	0.255*** (5.65)	0.058** (2.23)	0.100** (2.33)	0.097** (2.26)
REC	0.520*** (25.58)	0.280*** (15.23)	0.563*** (31.35)	0.036*** (2.84)	0.522*** (25.68)	0.520*** (25.47)
DA	-0.010 (-0.32)	0.039** (2.02)	-0.018 (-0.57)	0.026 (1.36)	-0.010 (-0.32)	-0.013 (-0.41)
INV	-0.107*** (-3.40)	-0.075** (-2.32)	-0.131*** (-4.11)	-0.044** (-2.34)	-0.104*** (-3.32)	-0.107*** (-3.41)
CRR	0.004** (2.03)	0.002 (1.18)	0.010*** (4.85)	0.002* (1.75)	0.004** (2.08)	0.005** (2.08)
ROC	0.000* (1.77)	0.001*** (3.06)	0.001*** (4.08)	0.000 (0.82)	0.000* (1.79)	0.000* (1.74)
SOE	-0.038*** (-4.79)	-0.033** (-2.05)	-0.081*** (-9.84)	-0.022*** (-5.24)	-0.039*** (-4.96)	-0.038*** (-4.80)
BIG4	0.791*** (35.87)	0.157*** (6.29)	0.746*** (42.95)	0.076*** (5.62)	0.790*** (35.80)	0.790*** (35.86)
LOSS	0.073*** (6.06)	0.023*** (3.04)	0.100*** (8.17)	0.008 (1.15)	0.072*** (6.02)	0.075*** (5.87)

续表

变量	基本回归			控制其他重要影响因素		
	OLS	固定效应	工具变量	当年审计费用	风险段落长度	业绩下行风险
	(1)	(2)	(3)	(4)	(5)	(6)
INCGTH	0.010 (1.31)	0.003 (0.72)	0.005 (0.56)	0.008* (1.83)	0.010 (1.33)	0.009 (1.14)
当年审计费用 lnFee				0.669*** (10.24)		
风险段落长度 Riskdes					-0.004** (-2.31)	
业绩下行风险 EDR						-0.061 (-0.54)
Constant	5.031*** (31.42)	9.646*** (50.33)	4.427*** (40.63)	0.852*** (108.04)	5.040*** (31.42)	5.031*** (31.44)
Observations	15609	15609	15609	15107	15609	15609
Adjusted - R^2	0.664	0.453	0.632	0.898	0.664	0.664
F	480.6	707.4	217.9	3026	471.1	459.8

4.5.2 其他稳健性检验

第一，控制其他重要影响因素。上期审计费用能影响下期审计费用的形成，因此，表4-3第（4）列控制了当期审计费用。年报风险信息披露段落长度差异较大，而段落越长识别相似度的难度越大，因此，表4-3第（5）列控制了风险信息披露段落长度 RiskDes。风险信息披露能体现企业业绩下行风险（Li，2006）而审计师可能对下行风险更加警惕，因此，表4-3第（6）列控制了公司业绩下行风险指标（EDR）（Konchitchki et al.，2016）。所有结果显示：年报风险信息披露相似度仍然与审计费用显著负相关。

第二，改变年报风险信息披露计量方式。表4-4第（1）列以前后两年风险段落词汇重复度作为年报风险信息披露相似度的替代变量，前后两年风险段落词汇重复度越高，则表示当年风险信息披露与上年越相似。表4-4第（2）列对年报风险信息披露相似度进行行业均值调整。表4-4第（3）列用前后两年风险段落长度之差作为年报风险信息披露的替代变量，段落长度差异越大，新增或减少披露的内容越多。表4-4第（4）列用风险段落负面语气程度 Riskneg（即负面词汇数/段落总词数）衡量年报风险信息披露。表4-4第（5）列参照 McDonald（2011）提供的风险词典提取风险相关词汇词频。所有结果均显示：风险信息相似度越高，风险相关词汇频率越低，审计费用越小。

表4-4　改变风险信息披露计量的稳健性检验

变量	前后两年风险段落词汇重复度 CommWord	行业均值调整 RiskSimi_IND	前后两年风险段落长度差 RiskDes	负面语气 Riskneg	风险词汇数量 Riskkeywln
	(1)	(2)	(3)	(4)	(5)
年报风险信息的其他度量方式	-0.024** (-2.33)	-0.034*** (-3.14)	0.005*** (3.28)	0.021* (1.95)	0.131*** (7.76)
其他控制变量	控制	控制	控制	控制	控制
Constant	5.032*** (30.91)	5.008*** (31.31)	4.232*** (39.73)	4.612*** (55.42)	3.955*** (32.95)
Observations	15609	15609	15609	17270	17270
Adjusted (Pseudo) R^2	0.664	0.664	0.643	0.666	0.666
F	479.0	480.8	516.8	1496	1499

4.5.3　排除相似度高缘于企业隐藏风险信息的可能性

（1）高信息质量的企业更不可能隐藏风险信息

MD&A 语气变动是否提供了额外信息取决于公司信息环境（Feldman et al.，2010），这说明风险信息披露传递了什么信息可能受信息环境的影响。企业总体信息质量越高，隐藏风险信息的可能性越低。本书以迪博内部控制信息披露质量、分析师跟随人数以及研究报告数量衡量信息质量，内部控制信息披露质量越高，分析师跟随人数越多，研究报告数量越多，企业信息质量越高。表4-5按均值分组回归的结果显示：假设1主要在内部控制信息披露质量较高组、分析师跟随人数较多组以及研究报告数量较多组成立，说明当企业总体信息质量较高时，年报风险信息披露余弦相似度高，更可能源自企业没有增量风险而非隐藏了风险。

表 4-5　　控制信息质量的影响

变量	内部控制信息披露		分析师跟随		研究报告	
	高质量	低质量	人数多	人数少	数量多	数量少
	(1)	(2)	(3)	(4)	(5)	(6)
RiskSimi	-0.043*** (-2.67)	-0.020 (-1.41)	-0.058*** (-2.89)	-0.014 (-1.15)	-0.057*** (-2.94)	-0.015 (-1.18)
其他控制变量	控制	控制	控制	控制	控制	控制
Constant	4.102*** (30.07)	5.565*** (16.61)	3.540*** (7.00)	5.705*** (47.89)	4.227*** (8.43)	5.522*** (45.37)
Observations	7564	8045	4993	10616	5392	10217
Adjusted - R^2	0.700	0.620	0.732	0.564	0.726	0.572
F	411.0	306.7	317.5	320.7	332.5	318.8

（2）显性风险小的企业风险信息披露的相似度更高

风险信息常被视为负面消息（Li，2008），管理者倾向于隐瞒这些信息（Kothari et al.，2009）。企业固有风险较高时，尤其当企业存在新增显性风险时，年报风险信息披露余弦相似度仍然很高，意味着企业可能隐藏了风险信息。本书以异常波动风险、是否具有违规行为或未决诉讼以及是否发布风险提示公告衡量企业显性风险大小，企业异常波动较高、存在违规及未决诉讼或者已发布风险提示时，显性风险较高。表 4-6 的分组回归结果显示：假设 1 主要在异常波动风险较低组、不存在法律诉讼风险组以及未发布风险提示公告组成立，说明年报风险信息披露余弦相似度高是因为企业确实没有增量风险。

表 4-6　　控制显性风险的影响

变量	异常波动风险		是否有违规或未决诉讼		是否发布风险提示公告	
	高（大于中值）	低	是	否	是	否
	(1)	(2)	(3)	(4)	(5)	(6)
RiskSimi	-0.007 (-0.45)	-0.044*** (-2.88)	-0.019 (-1.59)	-0.022*** (-2.80)	-0.056 (-1.19)	-0.034*** (-3.05)
其他控制变量	控制	控制	控制	控制	控制	控制
Constant	4.766*** (30.03)	4.528*** (19.87)	0.959*** (8.48)	0.590*** (9.26)	6.565*** (15.37)	4.275*** (40.75)
Observations	7183	8426	4097	11512	869	14740
Adjusted - R^2	0.554	0.706	0.629	0.655	0.516	0.642
F	153.6	351.2	166.1	1038	23.03	1191

4.6　结论与不足

本书研究发现：当公司信息环境越好，显性风险越小，年报风险信息披露较高的余弦相似度对审计费用具有降低效应，说明年报风险信息披露影响了审计师行为，但需要结合信息环境、管理层意图等信息正确解读文本相似度的经济内涵及其可能的经济后果。但总体偏高的余弦相似度也意味着我国年报风险信息披露多采用粘贴修改模式，并未得到管理层的高度重视，披露的风险主要是对已知风险的阐述，缺乏对未来风险的展望。监管层应纠正管理层披露风险信息的模板化倾向，并引导企业披露更多具有异质性的未来风险。

第 5 章　年报风险披露与权益资本成本*

5.1 引　言

近年来，全球股票市场剧烈震荡现象频发，市场参与者对风险信息的需求日益旺盛（Kaplan，2011）。年度报告因缺乏有价值的风险信息而备受批评（Schrand and Elliott，1998），因此，各国监管机构均鼓励企业在年报中进行风险披露。美国证监会于 2005 年开始要求上市公司在年度报告首页专门讨论公司面临的重大风险因素，中国证监会也于 2007 年首次要求在年报中董事会报告部分披露对公司发展战略和经营目标产生不利影响的风险因素及其应对措施，并于 2012 年再次要求在年度报告目录之后单独刊登重大风险提示，披露公司面临的重大风险及其应对措施。至此，中国年报风险披露的规定与美国基本趋同。然而，从实际披露的状况来看，相比于美国年报中长达数页对公司风险因素的详细说明，中国年报中平均不超过半页的公司风险描述则略显单薄，寥寥数语，一笔带过的也不乏少数。在国外，年报风险信息常被质疑为模板式披露，无信息含量，而中国的年报风险披露是否具有价值相关性？对投资者的影响如何？这些问题在我国迄今仍处于研究空白阶段。

资本市场上公司风险信息的匮乏，主要源于风险披露的特殊性。首先，公司基础风险具有不确定性，容易引发市场恐慌，致使市场参与者对公司的解读出现较大偏差（Gilbert and Vaughan，1998），管理层有动机隐瞒风险以维护自身职业发展（Kothari et al.，2009）。其次，风险信息可能涉及商业机密，专有化成本较高（Dye，1985），管理层有动机隐瞒以避免竞争力削弱。最后，风险披

* 本章内容已刊发于《金融研究》2018 年第 1 期，参见：王雄元，高曦．年报风险披露与权益资本成本［J］．金融研究，2018（01）：174－190.

露属于定性披露，风险因素发生概率及其影响程度监管机构难以有效监管，因而披露越多反而越容易受到质疑。这些特点导致上市公司风险披露意愿普遍不足。

基于其特殊性，关于风险披露能否影响以及如何影响投资者风险感知能力，存在三种对立的观点。无用观认为年报风险信息多为应付监管要求的模板式披露，无信息含量，并不影响投资者风险感知水平。异质观则认为风险披露提高了投资者的异质信念和风险感知水平，因为风险信息包含的更多是未知的风险因素及风险事项，传达了公司未来经营不确定的不利信号，导致股价异常波动（Kim and Verrecchia，1991）。此时，风险披露所体现出的提高投资者异质信念及风险感知能力的性质我们称为风险信息的异质性。同质观认为风险披露增强了市场同质预期，减弱了投资者的风险感知能力，因为风险信息包含的更多是已知的风险因素和风险事项，即对已知风险因素和事项的进一步解释说明，满足了投资者的信息需求，有助于缓解信息不对称，因而体现了与一般公共信息类似的特性。此时，风险披露体现出的提高投资者同质预期的性质则称为风险信息的同质性。

基于美国市场的研究近年来逐渐否定了无用观。研究发现年报风险披露并非无信息含量的模板式披露，相反，风险披露会增加投资者风险感知，导致股价异常波动、分析师预测分歧，并且会提高市场的信息不对称程度（Kravet and Muslu，2013；Campbell et al.，2014），从而支持异质观。然而基于美国市场的结论是否对中国适用？尽管在风险信息的披露要求上，两个市场已逐渐趋于一致，管理者也均有隐藏风险的动机，但在对公司信息披露的监管上，两个市场仍有着较大差别。其一，在法制监管方面，美国市场有成熟而健全的投资者保护法律体系，涉及欺诈、隐瞒风险的行为将受到法律严惩。中国最优秀的新兴技术企业之一阿里巴巴在美国上市后，也曾因为信息披露方面的失误和误导性陈述而被美国律所诉讼。为避免诉讼风险，美国公司管理层会更积极地进行风险揭示。而在国内，法制尚不够完善，投资者保护不到位，对信息披露有误，隐瞒、延迟等披露行为的惩罚力度不够，管理层对于“坏消息”更倾向于隐瞒。其二，在大股东监管方面，由于欧美公司的所有权相对分散，大股东对信息披露具有较高要求，以此实行对公司的监管。而我国股权结构较为集中，且国企的控制权占主导地位，大股东对信息披露的监督作用弱于欧美公司。其三，在机构投资者监督方面，我国市场以中小散户投资者为主，与西方相比机构投资者的比重较低。而在分析和理解信息方面，机构投资者起主导作用，有助于股价恰当地反映披露的信息。散户力量薄弱且分析能力有限，难以有效发掘信息，发挥市场监督的职能。除此以外，汉语言构词的丰富性及语法与英文的差异性，亦可能导致西方国家的研究结论无法直接应用于我国。由此，我们有待对中国年报风险披露进行进一步的探究。

信息披露是企业资本成本的一个重要影响因素（Dhaliwal et al.，2011），大量研究表明信息披露能降低资本成本（Verrecchia，2001；Botosan，2002），然而由于风险信息具有特殊性，其能否降低资本成本尚未可知。权益资本成本体现的是投资者对公司的风险预期，按照无用观的逻辑，风险披露不提供任何增量信息，不影响投资者风险预期，对资本成本也应无影响；按照异质观的逻辑，风险披露向市场参与者传递了更多未来不确定的信号，增加了投资者的风险感知和异质信念，投资者将要求更高的风险溢价；按照同质观的逻辑，风险信息与一般公共信息类似，它为投资者提供了更多信息以便预测公司未来发展状况及评估公司价值，从而降低了信息不对称程度，进而降低资本成本。作为企业投融资决策的重要影响因素，资本成本历来都是公司财务领域核心探讨的问题，风险披露对其影响究竟如何，是符合信息披露越透明从而资本成本越低的市场法则呢？还是披露越多，市场反而作出更负面的反应？这些问题都亟待探究。

本书的贡献在于：其一，基于美国的研究发现，年报风险披露并非模板式披露，并且符合异质观。而我们的研究结论与国外发现不一致，我国年报的风险披露具有正向市场回报，有助于降低权益资本成本，且总体上异质性较弱，说明我国年报风险披露没有提升投资者风险感知能力，仅提高了信息的透明度，降低了信息不对称，因而符合同质观。其二，现有研究集中于探讨年报风险披露与市场回报、未来业绩、分析师行为之间的关系，还没有文献检验风险披露与权益资本成本之间的直接效应，本书弥补了该空白。其三，本书运用文本分析法，首次对中国年报风险披露进行了大样本分析，为风险披露研究提供了独特的中国证据，丰富了信息披露与资本成本关系方面的文献。通过使用计算机程序对年报风险信息进行提取和分析，一方面弥补了人工阅读在大样本下成本高、效率低的缺陷；另一方面，可以客观地对文本信息内容进行分析，一定程度上避免了人工阅读的主观性。我们的研究发现我国年报较少披露异质性较强的风险信息，表明我国风险披露实践并没有很好地体现制度精神，因此，为监管部门加强风险披露监管提供了经验证据。

5.2　文献综述与假设提出

5.2.1　文献综述

（1）风险披露文献综述

出于公司竞争力及自身职业发展的考虑，管理层通常不愿披露坏消息（Kothari et al.，2009）。然而风险披露对企业而言也是有利可图的，比如Heinle和Smith（2015）研究发现，公司通过风险披露向投资者传递确定信号，减少投资者对公司未来经营状况和现金流水平的质疑，使其相信公司具有良好发展前景进而给予正面评价。因此，风险披露是管理层权衡利弊后的策略行为。

风险可区分为投资者通过公开信息直接感知到的可识别风险，以及投资者无法观察亦无法控制的不可识别风险（Slovic et al.，1980），因此，既有文献对风险信息性质有两种理解。一方面，风险披露可增强投资者对已知风险的认识，提高投资者风险感知的一致性，降低分析师预测偏差（Nichols and Wieland，2009），从而起到降低信息不对称的作用。此时风险披露更多为可识别风险，异质性较弱。另一方面，风险披露也可能提高投资者的认知偏差，加剧股价异常波动率，增大分析师预测偏差（Kravet and Muslu，2013；Campbell et al.，2014；Hope et al.，2014），此时风险披露多为不可识别风险，异质性较强（Kim and Verrecchia，1991）。

现有文献从专有化成本、公司基础风险及企业间风险披露的传染效应等方面探究了年报风险披露的影响因素。研究发现专有化成本越高，公司越少披露特质风险信息（Hope et al.，2014）；当公司面临某类风险，年报对该类风险的描述篇幅也更长（Campbell et al.，2014），这说明公司基础风险是风险披露的重要影响因素；如果美国SEC对行业领导企业、竞争对手企业、多数的同行业企业、有相同审计师的企业的风险披露状况作出评论，那么其他公司风险披露行为也会受到这些评论的影响（Brown et al.，2015）。

基于IPO公司招股说明书中风险信息的研究发现，招股说明书风险披露提高了信息透明度，降低了信息不对称程度，降低了上市首日的抑价率（Gupta and Israelsen，2014；姚颐与赵梅，2016）。然而基于年报风险披露的研究则发现了不一致的结论，这可能是由于年报与招股说明书在披露内容、披露目的上的较大的差异所致。基于年报的国外研究发现，风险披露具有市场反应且能显著影响股价波动及预测偏差。Li（2006）检验了年报风险和不确定性等词汇能否预测公司未来业绩和股价表现，发现风险词汇量与下期业绩及未来股价显著负相关。Kravet 和 Muslu（2013）考察投资者对年报风险披露的感知能力，发现风险词汇频率的变化值与股票回报波动性、异常交易量及分析师预测修正偏差显著正相关。Hope 等（2015）研究发现当风险披露越多，市场反应以及交易量越大时，分析师能更好估计基础风险。Elliott 等（2015）研究发现，风险披露可解释公司在负债率、投资、研发、雇员、股利政策、现金持有和股票购买等方面的不利变化。

然而，现有年报风险披露文献尚缺少对披露经济后果的系统性检验，以及对披露经济后果形成逻辑的详细分析，尤其缺乏对与投资者风险感知密切关联的资本成本的检验。如果风险披露提供的是同质信息，将减弱市场参与者的异质性信念，进而降低权益资本成本。相反如果风险披露提供的是异质性信息，将增强市场参与者的异质信念，进而增加权益资本成本。目前，尚无文献探讨我国年报风险披露的特质性及其经济后果，我国年报风险信息呈同质性还是异质性，有待探究。

（2）资本成本文献综述

既有文献认为制度环境（金智，2013）、公司治理（Jensen and Meckling，1976）、内部控制（Skaife et al.，2009）等因素均通过影响风险和信息不对称性进而影响资本成本。信息披露可直接缓解信息不对称，因而是影响资本成本的重要因素。Welker（1995）研究发现信息披露水平与买卖价差显著负相关，Botosan（2002）发现信息透明度与资本成本负相关。高水平信息披露缓解了投资者与公司间的信息不对称，提高了证券流动性，有助于投资者了解公司当前经营和未来发展状况，降低了交易成本，从而有助于降低资本成本（Easley and O'Hara，2004）。相反，信息披露越少，投资者预测偏差越大，投资者因承担更大风险而要求更高回报，因而提高了资本成本。精确披露有助于降低公司现金流与市场股价的关联性，企业受市场风险影响越小，资本成本越低（Lambert et al.，2007）。而非财务信息的披露同样能改善资本市场信息环境，降低市场认知偏差（王艳艳等，2014）。此外，还有大量研究从信息披露数量和质量，强制性披露和自愿性披露等视角探究了信息披露与资本成本间的关系。总体而言，信息披露可降低信息不对称性及投资者风险感知偏差，进而降低资本成本。

然而，已有信息披露与资本成本的文献并未涉及年报风险信息。风险信息本身所具有的不确定性会加大股价波动、投资者感知偏差及市场风险，进而与普通信息效应不同的，可能会提高资本成本。而我国风险披露提供了何种性质的信息，其对资本成本有何影响，尚待研究。

5.2.2　假设提出：年报风险披露与权益资本成本

“坏消息”的披露能提高投资者对未来现金流的风险感知进而增加资本成本，而“好消息”则能降低投资者对未来现金流的风险感知进而降低资本成本（Kothari et al.，2009）。风险披露属于公共信息披露的一种，有利于投资者了解公司风险状况进而更准确评估公司价值，但其本身所表达的不确定性又具备独特的风险特性。由于公司基础风险对市场参与者而言犹如黑箱，不同的市场参与者对公司风险有不同的判断，因而风险估计标准差较大。风险披露相当于打开了黑箱，投资者可获取更多信息，而信息不对称的降低将进一步降低资本成本。但不同类型投资者对相同信息可能作出不同的评估，当风险披露的异质性较强时，投资者风险感知差异增大，尤其当风险披露无法获得投资者信任或投资者感知到更大风险时，将会增加资本成本。

一方面，年报可能披露同质性较强的风险信息。风险信息可以解释已知风险因素和风险事件，因而增加了公共信息供给。风险报告质量提高后，公司信息披露越来越透明（Roulstone，1999）。因此风险披露有助于增加信息供给、提高信息质量，起到了降低信息不对称的作用。当年报披露的风险因素多为已知风险时，披露信息可以增强投资者对这些可识别项目的进一步认识，提高投资者对公司未来经营发展感知的一致性，进而降低了分析师预测偏差（Nichols and Wieland，2009）。风险披露有助于报告使用者了解公司未来经营发展，正确评估公司价值，从而有利于降低资本成本。因此，披露的风险信息同质性越强，投资者要求的报酬率越低，权益资本成本越小。

另一方面，年报又可能披露异质性较强的风险信息。风险信息的认知异质性和不确定性较强，很难精确量化。风险披露带给市场参与者的是未来业绩范围而不是未来业绩水平，市场参与者对这些信息的判断呈现较强异质性（Kim and Verrecchia，1991）。另外，风险披露能增加市场参与者对公司风险的直接感知，引发市场参与者对未知风险的恐惧，从而显著增加股票回报波动率和交易量（Kravet and Muslu，2013；Campbell et al.，2014）。由于投资者意识到部分市场参与者可能掌握更多信息，可以通过内幕交易获取收益，因而会要求一定风险溢价以弥补信息不足所带来的损失。风险信息体现了管理层对公司当前存在及未来可能发生风险事项的预判，公司风险披露越多、越清晰，投资者将感知到越多未来不确定的信号，异质性越强，也容易使那些处于信息劣势的投资者误以为公司风险因素较多、风险水平较高。而公司风险越大，资本成本越高，增加不确定性信息的披露数量将增加权益资本成本（Kothari，2009）。因此，风险披露越多，异质性越强，投资者要求的报酬率越高，权益资本成本越大。

综上提出两个对立假设。

假设1，即异质观假说：年报风险披露变化值与权益资本成本变动值显著正相关。

假设2，即同质观假说：年报风险披露变化值与权益资本成本变动值显著负相关。

5.3　变量模型及描述性统计

5.3.1　样本选择

我国年报风险披露始于2007年，故本书以2007—2014年年度报告为研究对象，利用计算机程序从年报中进行风险信息提取。剔除了金融行业后，另有3328个样本没有提取到风险信息，最终得到13579个风险披露样本。本书考察风险披露后权益资本成本的变化，故权益资本成本需滞后一期，剔除控制变量缺失的样本后，再运用一阶差分模型进行回归分析，最终样本进一步减少到7034个。其他变量数据均取自CSMAR和WIND数据库。为避免极端值影响，本书对所有连续变量进行了上下1%的Winsorize缩尾处理。

5.3.2　回归模型

由于公司年报风险披露存在惯性，而差分能消除披露惯性的影响，因此本文参照 Kravet 和 Muslu（2013）的研究设置差分回归模型（1），以检验年报风险披露对资本成本的影响，同时将被解释变量滞后一期避免可能存在的内生性问题。

$$\Delta COC_{i,t+1} = \beta_0 + \beta_1 \Delta RiskDes_{i,t} + \beta_2 \Delta Direct\_w_{i,t} + \beta_3 \Delta Beta_{i,t} + \beta_4 \Delta Size_{i,t} + \beta_5 \Delta Lev_{i,t} + \beta_6 \Delta BTM_{i,t} + \beta_7 \Delta Roa_{i,t} + \beta_8 \Delta Gth_{i,t} + b_9 \Delta Share_{i,t} + \beta_9 Y2012_{i,t} + \sum Industry + \sum Year + e_{i,t} \quad (1)$$

模型（1）中，风险披露 RiskDes 为解释变量。现有文献主要用报告全文或董事会报告中“风险”及相关关键词的频数（Campbell et al.，2014；Filzen，2015）以及“风险”关键词或出现“风险”关键词的语句个数（Hope et al.，2014；Kravet and Muslu，2013）衡量风险披露。本书以年报中“管理层讨论与分析”里描述未来风险的段落以及“重大风险提示”段落的长度之和除以年报全文总字数衡量风险披露 RiskDes①。风险描述段落的长度，表达了管理层对风险披露准则及公司风险的重视程度，信息含量丰富，可以避免以关键字频率作为衡量方法造成的统计偏误。

权益资本成本 COC 为被解释变量。由于 Easton（2004）提出的 PEG 模型在中国市场上测试效果最佳（毛新述等，2012），本书依据 PEG 模型计算资本成本，如模型（2），其中 eps_2、eps_1 分别为预测第2期、第1期的每股盈余（净利润/普通股总数），P_0 为当期股票价格。

$$COC\_PEG = \sqrt{\frac{eps_2 - eps_1}{p_0}} \quad (2)$$

参考曾颖和陆正飞（2006）以及 Kravet and Muslu（2013），本书控制了公司规模 Size、Beta 值、资产负债率 Lev、账面市值比 BTM、总资产收益率 ROA、销售增长率 Gth，以及第一大股东持股比例 Share 等变量。由于风险披露因公司而异，为控制公司披露习惯，本书还控制了董事会报告总字数 Direct_w。考虑到

① 本书使用计算机 Python 语言设计提取程序，提取主要风险段落，并在每个目标段落中，统计整个段落中文字数（不包含数字、符号）、风险关键词出现频数。

2012 年强制披露政策导致披露数量急剧增加，因此，设置年度虚拟变量 Y2012，2012 年及以后年度设置为 1，其余年度为 0，以控制制度变化产生的影响。

5.3.3 描述性统计

表 5－1 为主要变量的描述性统计。数据显示：（1）ΔRiskDes 均值为 0.001，风险披露的平均增量为年报总字数的 1‰；（2）以 PEG 模型计算的资本成本 COC_PEG 平均增长幅度为－0.01，表明近年来资本成本有下降的趋势。通过简单的描述性统计，可初步发现风险披露变化值 ΔRiskDes 与权益资本成本 ΔCOC_PEG 之间具有负相关关系。在未列出的相关系数表中，两者同样呈负相关且在 10% 水平上显著，这与假设 2 提出的同质观假说更为接近。

表 5－1　　　　描述性统计

变量名	样本量	均值	标准差	最小值	中位数	最大值
ΔRiskDes	7034	0.001	0.012	－0.068	0.000	0.068
ΔCOC_PEG	7034	－0.010	0.052	－0.407	－0.009	0.419
ΔDirect_w	7034	2.270	0.866	0.000	2.398	4.369
ΔBeta	7034	0.066	0.792	－4.094	0.000	4.369
ΔSize	7034	－0.056	0.328	－1.516	－0.028	1.305
ΔLev	7034	0.189	0.392	－3.384	0.127	8.460
ΔBTM	7034	0.007	0.291	－13.600	0.011	8.376
ΔROA	7034	0.001	0.068	－1.135	0.000	4.890
ΔGth	7034	－0.004	0.152	－7.043	－0.003	8.456
ΔShare	7034	－0.001	0.045	－1.300	－0.001	1.779

5.4 实证分析

5.4.1 风险披露对权益资本成本的影响

表 5－2 列示了风险披露对权益资本成本影响的实证结果，分别采用了一阶

差分模型及非差分形式下的固定效应模型进行回归。表 5－2 第（1）列列示了差分回归的结果：年报风险披露变化值 $\Delta RiskDes_{i,t}$ 与权益资本成本变化值 ΔCOC 在 5% 水平上显著负相关。表 5－2 第（3）列为非差分形式的固定效应回归，数据显示：年报风险披露长度 $RiskDes_{i,t}$ 与权益资本成本 COC 在 1% 水平上显著负相关。这些结论稳健地说明，我国年报风险披露显著降低了权益资本成本，表明风险披露越多，投资者给予公司信任越多，因而降低了权益资本成本。此外，参考 Ohlson and Juettner－nauroth（2005）通过 OJ 模型计算得到权益资本成本，再重复先前的回归，回归结果如表 5－2 第（2）、第（4）列所示，即使更换资本成本衡量方法，研究结论并不受影响。

这表明我国年报风险披露满足“披露越充分，资本成本越低”的金融规则。从风险本身的属性及披露准则制定的初衷来看，年报风险披露应当起到风险“警示灯”的效用，即进行更多未知风险揭示，提高投资者风险意识，然而我们的研究结果发现风险披露反而给了投资者一颗“定心丸”，即披露越多投资者要求的风险溢价越低。说明我国年报风险信息具有同质性，证明了假设 2 即年报风险披露的同质观假说。

表 5－2　　风险披露与权益资本成本

变量	差分模型		变量	固定效应模型	
	$\Delta COC\_PEG_{i,t+1}$	$\Delta COC\_OJ_{i,t+1}$		$COC\_PEG_{i,t+1}$	$COC\_OJ_{i,t+1}$
	(1)	(2)		(3)	(4)
$\Delta RiskDes_{i,t}$	－0.094** （－1.98）	－0.102** （－2.15）	$RiskDes_{i,t}$	－0.140*** （－3.06）	－0.162*** （－3.70）
$\Delta Direct\_w_{i,t}$	0.001 （1.61）	0.001 （1.41）	$Direct\_w_{i,t}$	0.001** （1.97）	0.002*** （2.97）
$\Delta Beta_{i,t}$	0.011*** （5.99）	0.011*** （5.78）	$Beta_{i,t}$	0.021*** （11.23）	0.021*** （11.31）
$\Delta Size_{i,t}$	0.002 （1.17）	0.003* （1.67）	$Size_{i,t}$	－0.011*** （－7.43）	－0.011*** （－9.31）
$\Delta Lev_{i,t}$	－0.003* （－1.93）	－0.003 （－1.62）	$Lev_{i,t}$	0.001 （0.22）	0.001 （0.28）
$\Delta BTM_{i,t}$	0.002 （0.48）	0.002 （0.63）	$BTM_{i,t}$	－1.332*** （－5.21）	－1.354*** （－6.22）
$\Delta ROA_{i,t}$	0.003 （1.20）	0.004 （1.29）	$ROA_{i,t}$	0.035** （2.49）	0.027** （2.35）

续表

变量	差分模型		变量	固定效应模型	
	$\Delta COC\_PEG_{i,t+1}$	$\Delta COC\_OJ_{i,t+1}$		$COC\_PEG_{i,t+1}$	$COC\_OJ_{i,t+1}$
	(1)	(2)		(3)	(4)
$\Delta Gth_{i,t}$	-0.010 (-0.69)	-0.006 (-0.44)	$Gth_{i,t}$	0.012 (0.38)	0.023 (0.77)
$\Delta Share_{i,t}$	0.000 (0.55)	-0.000 (-0.19)	$Share_{i,t}$	0.000 (0.59)	0.000 (0.45)
Y2012	-0.016*** (-10.54)	-0.016*** (-10.63)	Y2012	0.005*** (4.37)	0.005*** (4.22)
Ind	控制	控制	Ind	未控制	未控制
Year	控制	控制	Year	控制	控制
Constant	-0.003** (-2.51)	0.008 (1.26)	Constant	0.332*** (9.88)	0.357*** (13.21)
N	7034	6925	N	10750	10656
Adj_R^2	0.091	0.096	Adj_R^2	0.104	0.105
F 值	52.63	28.52	F 值	58.31	65.88

5.4.2 稳健性检验

第一，内生性问题处理。研究可能存在互为因果、遗漏变量以及样本自选择等内生性问题，因此，拟采用工具变量法、2SLS 及双重差分法解决内生性问题。

首先，利用工具变量法解决内生性问题。本书采用剔除本公司后的同行业风险段落长度的平均值作为工具变量。前人研究发现公司的信息披露水平会受到同行业披露水平的影响（Campbell et al.，2014），但同行业风险披露水平对本公司资本成本又不存在直接影响，因而满足工具变量的选取条件①。表 5-3 第（1）、第（2）列列示了工具变量法的检验结果：第一阶段以工具变量及其他影响因素对解释变量进行回归，发现行业风险披露平均变化水平 $\Delta RiskDes\_IND_{i,t}$ 与风险披露变化值 $\Delta RiskDes_{i,t}$ 显著正相关；第二阶段则以第一阶段回归拟合值 $\Delta RD_{i,t}$ 与权益资本成本变化值 $\Delta COC\_PEG_{i,t+1}$ 进行回归，结果显著负相关，说明

① 工具变量的选取通过过度识别检验，且工具变量与自变量存在相关性。

假设 2 的稳健性。

表 5－3　　　　　　　解决内生性的稳健性检验

变量	工具变量		控制残差项	
	第一阶段	第二阶段	第一阶段	第二阶段
	$\Delta RiskDes_{i,t}$	$\Delta COC\_PEG_{i,t+1}$	$\Delta RiskDes_{i,t}$	$\Delta COC\_PEG_{i,t+1}$
	(1)	(2)	(3)	(4)
$\Delta RD_{i,t}$		-7.150*** (-3.28)		
$\Delta RiskDes\_IND_{I,t}$	0.131*** (3.81)			
$Resid_{i,t}$				-0.107** (-2.13)
披露影响因素	未控制	未控制	控制	未控制
控制变量	控制	控制	未控制	控制
Ind&Year	控制	控制	控制	控制
N	7034	7034	13575	7034
R^2	0.052	0.078	0.008	0.083
F 值	35.08	—	12.78	46.71
chi^2（11）		54.6（0.000）		

其次，利用两阶段回归解决遗漏变量产生的内生性问题。前人研究发现，托宾 Q 值 $TobinQ_{i,t}$、独立董事占董事会人数比 $Indrct_{i,t}$、行业竞争程度 $HHI_{i,t}$、法律诉讼情况 $Lawsu_{i,t}$、业绩波动率 $Std\_ROA_{i,t}$ 以及股价波动率 $Std\_Ret_{i,t}$ 对公司信息披露策略会产生影响，因此，在两阶段回归的第一阶段，以这些因素的变动对风险披露变化值 $\Delta RiskDes_{i,t}$ 进行回归，建立披露的影响因素模型，见表 5－3 第（3）列，而后将其回归残差 $Resid_{i,t}$ 替代 $\Delta RiskDes_{i,t}$ 参与第二阶段回归，表 5－3 第（4）列列示了回归结果：第一阶段回归残差 $Resid_{i,t}$ 与权益资本成本变化值 $\Delta COC\_PEG_{i,t+1}$ 仍然在 5% 水平上显著负相关，说明假设 2 结论较稳健。

最后，采用双重差分解决内生性问题。2012 年《公开发行证券的公司信息披露内容与格式准则第 2 号》要求公司披露“重大风险提示”段，但统计发现，在进行差分处理前的样本中，共有 224 个公司年度样本没有实质性披露重大风险提示。因此，本书采用双重差分方法[①]检验公司进行实质性重大风险披露与否对

① 经检验双重差分满足平行趋势假设。

资本成本的影响。本书设置是否进行实质性披露重大风险提示的变量 Risktip_dum，若公司披露了“重大风险提示”则 Risktip_dum 设置为 1 否则为 0；其次，设置时间变量 Y2012，年度为 2012 年以后则 Y2012 为 1 否则为 0。表 5－4 第（1）列双重差分回归结果显示：2012 年后进行实质性风险披露的公司权益资本成本有显著下降。

表 5－4　双重差分回归与控制基础风险的稳健性检验

变量	双重差分检验	变量	控制基础风险
	（1）		（2）
$Y2012_{i,t}$	－0.006* （－1.75）	$\Delta RiskDes_{i,t}$	－0.108** （－2.18）
$Risktip\_dum_{i,t}$	0.008*** （2.59）	$\Delta Risk_{i,t}$	0.003*** （5.18）
$Risktip\_dum_{i,t} \times Y2012_{i,t}$	－0.016*** （－3.59）	$\Delta Direct\_w_{i,t}$	0.002** （2.12）
控制变量	控制	控制变量	控制
Ind&year	控制	Ind&Year	控制
N	10，750	N	6，862
Adj_R^2	0.146	Adj_R^2	0.079
F 值	67.94	F 值	24.25

第二，控制公司基础风险。公司基础风险影响风险披露，风险大时，管理层承担的经济、法律后果较大，因而有多披露风险以降低法律责任的动机，但考虑到降低投资者的风险感知，管理层又倾向于模板式披露；公司基础风险也会影响资本成本，基础风险越大，投资者要求的报酬率越高，权益资本成本也越高。因此，本书主要结论可能受到基础风险的影响。我们参照王雄元等（2015）将衡量经营风险、财务风险、市场风险的三类指标进行主成分分析后合成综合风险指标（Risk），进行差分处理并加以控制。表 5－4 第（2）列的回归结果显示：基础风险越大权益资本成本越大，但在控制其影响后，风险披露仍能降低权益资本成本，从而再次证明了本书假设 2 的稳健性。

第三，更换解释变量。本书的风险披露衡量指标 $\Delta RiskDes_{i,t}$ 主要考察的是风险披露的长度和数量。为与前人研究保持一致，参考 Campbell 等（2014）的方法，本书还分别从全文、主要风险描述段落及董事会报告全文中提取“风险”“不确定”两个词出现的频数，设置三个指标分别进行稳健性检验。此外，考虑到对风险披露质量的衡量，以人工判断和计算机识别相结合的方式，考察董事会报告的风险段落里是否包含了风险应对措施，若存在风险应对措施则为1，否则为0，设置虚拟变量进行回归（结果未列出）。研究发现，以风险关键词频率衡量的三个风险披露指标均显著降低了权益资本成本变化值，而当年报披露了风险应对措施指时，资本成本下降更快。结论一定程度上表明，在我国年报风险披露起到的是“温和”地对已知风险因素进行解释说明的作用，而较少披露能引起投资者风险警觉的“坏消息”。

5.5　信息质量、显性风险的影响

5.5.1　信息质量的影响

以上研究结论表明风险披露能降低权益资本成本，与同质观提出的风险披露起到了增加信息供给量、降低信息不对称的作用相符。因此，对于信息环境不同的公司，风险披露所起的作用应该也不一样。相比于信息质量高的公司，信息质量低的公司更难为投资者所了解和掌握，因此，风险披露提供的信息增量应当越有助于降低资本成本。本书以分析师跟随数量和行业竞争程度衡量公司信息质量。

（1）分析师跟随数量的影响

分析师倾向于跟踪信息披露较及时、透明度更高以及年报可读性较差（Lehavy et al.，2011）的公司。信息披露及时且透明度高意味着分析师信息获取成本较低，可读性较差意味着分析师能发挥专业特长发掘并向投资者传递信息，反之分析师跟随数量较少可能意味着公司信息披露不够充分。而风险披露可以对其他年报信息给予更为充分的说明与阐述，有利于提高信息透明度与年报可读性。我们按照分析师跟随人数中位数将样本分为高低两组。表5－5第(1)、第（2)列的分组回归结果显示：风险披露变化值$\Delta RiskDes_{i,t}$与权益资本成本变化值$\Delta COC_{i,t+1}$的显著负相关主要体现在分析师跟踪数量较低组，说明分析师跟随数量较少时，风险披露对信息透明度以及年报可读性的改善作用越明显，有助于降低权益资本成本。

（2）行业竞争程度的影响

竞争既可能促进信息披露进而降低资本成本，又可能减少信息披露进而提高资本成本。公司隐藏信息的积极动机就是避免竞争对手发现公司其商业机密进而对自己产生威胁，当行业竞争激烈时，迫于竞争压力，公司不得不披露更多信息，此时公司信息环境相对透明。反之，公司倾向于隐藏信息，信息环境相对较差。我们用赫芬达尔指数衡量竞争程度，以其中位数将样本分为低行业竞争组与高行业竞争组。表5-5第（3）、第（4）列的分组回归结果显示：风险披露变化值$\Delta RiskDes_{i,t}$与权益资本成本变化值$\Delta COC_{i,t+1}$的显著负相关主要体现在低行业竞争组，说明当行业竞争较低时，风险披露更能通过改善信息环境进而降低权益资本成本。

5.5.2　显性风险的影响

显性风险为投资者所能感知到的公司风险状况。若公司显性风险较大，投资者会有相应的风险警觉，对公司风险披露相对更为敏感，此时若公司的风险披露增量越大，投资者会给予一个更高的风险估计值，从而要求较高的风险溢价。相反，在显性风险较小时，风险披露提供信息增量、降低不对称的作用才更容易发挥，此时权益资本成本也更低。本书以年报基础信息好坏、公司是否面临违规诉讼衡量公司的显性风险。

（1）年报基础信息好坏的影响

年报具有信息含量，公告后的短期内市场会有超额累计异常回报（Ball and Brown，1968）。当市场超额累计异常回报为正，说明年报传达了“好消息”，投资者对公司经营有信心。反之，超额累计异常回报为负，说明年报传达了“坏消息”，公司风险较大，市场要求的报酬率也较高。我们按照超额累计异常回报是否大于0，将样本分为“好消息”组与“坏消息”组。表5-5第（5）、第（6）列的分组回归结果显示：风险披露变化值$\Delta RiskDes_{i,t}$与权益资本成本变化值$\Delta COC_{i,t+1}$的显著负相关主要体现在“好消息”组，说明当年报信息总体上为好消息时，年报风险披露也会被认为是信息透明度更高、异质信息少的体现，因而有利于降低权益资本成本。

（2）违规与诉讼的影响

公司违规或面对法律诉讼，意味着面临较大不确定性，投资者会给予负面评价并要求更高的市场回报，因而资本成本更高。当公司存在违规或诉讼的前提下，投资者对公司风险预期较大，年报中的风险信息会起到警示作用，进而会增加权益资本成本。我们按照公司是否有违规或法律诉讼对样本进行分组回归。表 5－5 第（7）、第（8）列的回归结果显示：风险披露变化值 $\Delta RiskDes_{i,t}$ 与权益资本成本变化值 $\Delta COC_{i,t+1}$ 的显著负相关主要体现在无违规和诉讼组，说明只有在公司不存在违规或法律诉讼的情况下，风险披露才会对权益资本成本具有降低效应。

表 5－5　　信息质量、显性风险的影响

变量	分析师跟随数量		行业竞争程度		年报基础信息好坏		是否存在违规及诉讼	
	高	低	高	低	好消息	坏消息	是	否
	(1)	(2)	(3)	(4)	(5)	(6)	(7)	(8)
$\Delta RiskDes_{i,t}$	0.031 (0.62)	-0.279*** (-3.02)	-0.096 (-1.38)	-0.121* (-1.65)	-0.208*** (-3.06)	-0.003 (-0.05)	0.561 (1.57)	-0.130** (-2.57)
控制变量	控制	控制	控制	控制	控制	控制	控制	控制
Ind&year	控制	控制	控制	控制	控制	控制	控制	控制
N	3719	3315	3609	3425	3519	3515	285	6749
Adj_R^2	0.128	0.066	0.098	0.071	0.084	0.086	0.014	0.086
F 值	21.98	9.990	16.00	11.10	13.33	13.64	1.150	25.48
chi^2	9.99*** (0.0016)		1.24 (0.2659)		4.69** (0.0303)		9.99*** (0.0016)	

5.6　风险披露的价值相关性分析

前文我们检验了风险披露对权益资本成本的影响，然尚无直接证据表明风险披露对市场参与者是否产生影响及产生何种影响。进一步，我们将探讨我国年报风险披露信息性质。

5.6.1　风险披露与市场反应

我们用超额累计异常报酬检验市场对年报风险信息的反应。我们设立风险披露的市场反应模型（3），其中，被解释变量为市场反应 MR，我们采用（-5，+5）窗口期内累计异常报酬率 CAR，并对在（-5，15）窗口内进行了业绩预告、业绩快报、季度报告、增发配股、分红和并购的样本进行了剔除。解释变量为风险披露变化值 $\Delta RiskDes_{i,t}$，控制变量参照李常青等（2010）。回归结果如表 5-6 第（1）列所示：风险披露变化值 $\Delta RiskDes_{i,t}$ 与累计异常回报率 $CAR_{i,t}$ 显著正相关，即平均而言风险披露越多市场反应越好。为保证结论稳健性，我们还尝试了更换不同的窗口计算累计异常回报 CAR，并在不同窗口下计算经过市场调整的股票回报 RET，回归结果显示结果均保持一致（限于篇幅未报告表格）。我们的发现与 Kravet 和 Muslu（2013）的研究结论不完全一致，他们研究发现，看似无用的风险披露实则可以引起股价波动率和 Beta 值的增大，信息不对称程度降低，且风险披露后投资者具有负向超额异常回报。我们认为，导致双方研究结果差异一方面与风险披露的信息内涵不同有关，另一方面也与两个资本市场上投资者如何看待风险信息有关。

$$MR_{i,t} = \beta_0 + \beta_1 \Delta RiskDes_{i,t} + \beta_2 Direct\_w_{i,t} + \beta_3 Beta_{i,t} + \beta_4 Size_{i,t} + \beta_5 Lev_{i,t} + \beta_6 BTM_{i,t} + \beta_7 Roa_{i,t} + \beta_8 Gth_{i,t} + \sum Industry + \sum Year + e_{i,t} \quad (3)$$

5.6.2 风险披露与异质性

以上结果显示我国风险披露更倾向于提供同质性信息。为进一步提供我国年报风险披露呈同质性的经验证据，我们将模型（3）中的被解释变量改为异质信念 $Heterogenitcity_{i,t}$，考察风险披露与异质信念之间的关系。

异质信念衡量指标包括：其一，市场调整后的超额换手率 $MATO_{i,t}$，基于市场调整的超额换手率被认为是最有效的异质信念衡量指标（Garfinkel，2001），本书参照孟卫东等（2010）的方法计算超额换手率，$MATO_{i,t}$ 越大，表示信念异质程度越大；其二，买卖价差 $Spread_{i,t}$，买卖价差既可以衡量投资者间的信息不对称，也可以反映投资者异质信念的程度。本书参照熊家财和苏冬蔚（2016）的做法设立买卖价差计算模型，计算年报公告后（+1，+251）窗口内的平均买卖价差 $Spread_{i,t}$，买卖价差越大，异质信念越强；其三，超额异常波动率 S_{ar}。参考李维安等（2012）的做法设立超额异常波动率计算模型，并计算年报公告后（+1，+251）窗口的年度超额收益波动率。$Sar_{i,t}$ 越大超额异常波动率越大，异质信念也越强。（4）分析师预测分歧 $Dispersion_{i,t}$。参照 Diether（2002）的模型计算分析师预测分歧度，分歧度越大，分析师意见越不统一，投资者异质信念程度越大。

表 5－6 的回归结果显示：风险披露变化值 $\Delta RiskDes_{i,t}$ 与超额累计异常换手率、买卖价差、超额异常波动率以及分析师预测偏差均显著负相关，说明风险披露后市场异质信念显著减弱，风险披露的增加，并没有造成投资者对公司不确定预期增加，风险披露符合同质观。这也很好地解释了风险披露增加后投资者为什么会有正向超额回报，以及我国风险披露为什么能减少权益资本成本。此外，我们还以 ΔRiskDes_n、ΔTrisk_n 等其他风险披露的衡量指标再次进行检验，仍得到类似结果，从而证明了结论的稳健性。

表 5－6 风险披露与异质信念

变量	累计异常回报率$_{,t}$	超额异常换手率	买卖价差	超额异常波动率	分析师预测偏差
	$CAR_{i,t}$（－5，＋5）	$MATO_{i,t}$	$Spread_{i,t}$	$Sar_{i,t}$	$Dispersion_{i,t}$
	（1）	（2）	（3）	（4）	（5）
$\Delta RiskDes_{i,t}$		－0.036*** （－2.96）	－0.186*** （－4.05）	－0.017*** （－3.78）	－0.244* （－1.73）
控制变量	控制	控制	控制	控制	控制
Ind&Year	控制	控制	控制	控制	控制
N	11970	11167	12669	12086	9670
Adj_R^2	0.206	0.053	0.224	0.213	0.090
F 值	17.98	20.20	58.89	95.97	19.66

5.6.3 风险披露与信息不对称

信息披露通过降低信息不对称、促进股价流动性，进而降低资本成本（Easley and O'Hara 2004），因此，我们将进一步分析风险披露是否降低了信息不对称与股票流动性，以及是否通过降低信息不对称与股票流动性进而降低了权益资本成本。本书借鉴 Baron 和 Kenny（1986）的 Sobel 中介因子检验方法检验上述问题。首先设立风险披露 $\Delta RiskDes_{i,t}$ 对中介变量 $\Delta M_{i,t}$ 的回归模型（4），其中中介变量 $M_{i,t}$ 包括买卖价差 $Spread_{i,t}$ 以及分析师预测准确度 $Accuracy_{i,t}$，两者均表示信息不对称程度。表 5－7 第（1）、第（2）列列示的回归结果显示：我国风险披露降低了买卖价差，缓解了信息不对称；风险披露虽然没有提供造成“恐慌”的信息，但仍然提供了增量的内部信息，并促使分析师预测准确度提高，降低了信息不对称。

$$\Delta M_{i,t} = \beta_0 + \beta_1 \Delta RiskDes_{i,t} + \beta_2 Direct\_w_{i,t} + \beta_3 \Delta Beta_{i,t} + \beta_4 \Delta Size_{i,t} + \beta_5 \Delta Lev_{i,t} + \beta_6 \Delta BTM_{i,t} + \beta_7 \Delta Roa_{i,t} + \beta_8 Y2012_{i,t} + \sum Industry + \sum Year + e_{i,t} \tag{4}$$

表 5－7　　中介效应的检验

变量	中介因子 ΔM 检验		包含中介因子的资本成本检验	
	买卖价差	预测准确性	买卖价差	预测准确性
	$\Delta Spread_{i,t}$	$\Delta Accuracy_{i,t}$	$\Delta Spread_{i,t}$	$\Delta Accuracy_{i,t}$
	(1)	(2)	(3)	(4)
$\Delta RiskDes_{i,t}$	－5.353*** (－8.89)	0.746*** (2.83)	－0.096* (－1.86)	－0.075* (－1.65)
$\Delta Spread_{i,t}$			0.003* (1.76)	
$\Delta Accuracy_{i,t}$				－0.013*** (－4.34)
控制变量	控制	控制	控制	控制
Ind&Year	控制	控制	控制	控制
Observations	11720	8335	6217	6997
Adjusted－R^2	0.027	0.058	0.080	0.090
F 值	41.60	23.35	22.44	50.17
Sobel Z	—	—	3.242 (0.0011)	－2.298 (0.0215)

其次，在模型（1）的基础上加入两个中介变量 M 建立模型（5），同时考察风险披露 $\Delta RiskDes_{i,t}$ 与中介变量 M 对权益资本成本的影响。表 5－7 第（3）、第（4）列的结果显示：两个中介变量 M 均与权益资本成本显著相关，在控制中介变量 M 后，风险披露变化值 $\Delta RiskDes_{i,t}$ 与权益资本成本变化值 ΔCOC 仍显著负相关，但回归系数与显著性较未加入中介变量 M 前［见表 5－2 第（1）列］有所降低，而且 Sobel Z 统计值显著，从而说明买卖价差以及分析师预测准确度两者均对风险披露与权益资本成本间关系具有部分中介效应。

$$\Delta COC_{i,t+1} = \beta_0 + \beta_1 \Delta RiskDes_{i,t} + \beta_2 \Delta M_{i,t} + \beta_3 \Delta Direct\_w_{i,t} + \beta_4 \Delta Beta_{i,t}$$

$$+ \beta_5 \Delta Size_{i,t} + \beta_6 \Delta Lev_{i,t} + \beta_7 \Delta BTM_{i,t} + \beta_8 \Delta Roa_{i,t} + \beta_9 \Delta Gth_{i,t} + \beta_{10} \Delta Share_{i,t} + \beta_{11} Y2012_{i,t} + \sum Industry + \sum Year + e_{i,t} \quad (5)$$

5.7　来自股权再融资以及债券信用利差的附加证据

风险披露对股权再融资成本及债券利差是否有影响？前文研究发现风险披露增加可以降低权益资本成本，但权益资本成本仅是依据模型计算出来的理论值，股权再融资成本和债券利差提供了资本成本的现实检验场景：如果年报风险披露后，股权再融资及债券利差的实际成本降低了，即进一步佐证主回归的稳健性。另外，债权人因为承担了公司的下行风险，却只能获得固定收益，而对风险更加敏感（高强和邹恒甫，2015；朱红军等，2014）。如果风险披露具有异质性，那么债券投资者应更重视风险，从而给予不同于股权投资者的评价。相反，如果风险披露异质性较弱，那么债券投资者和股权投资者的反应将一致。

首先参照 Dhaliwal 等（2011）的研究设立股权再融资 SEO 模型进行回归分析，回归结果显示：风险披露增量越大，下期越可能进行股权再融资，股权再融资折价率也越小，说明风险披露有助于降低股权再融资成本。其次，参照周宏等（2014）的模型考察风险披露对债券信用利差的影响，研究结果表明：风险披露增量越大，债券融资成本越小，这说明风险披露降低了债券融资成本，同时也说明债券投资者并没有将风险披露解读为风险，反而把它当成了“定心丸”，给予了更低的融资成本。限于篇幅，此处不列示表格。债券投资者与股权投资者对风险披露解读的一致性也说明我国风险披露的异质性较弱，从而验证了假设 2 的可靠性。

5.8　总结与不足

本书探讨了我国年报风险披露对权益资本成本的影响，研究发现：风险披露的增量越多，公司权益资本成本越低，而信息不对称是风险披露降低资本成本的不完全中介；我国风险披露具有价值相关性，但异质性较弱，而基于美国资本市场的研究发现风险披露具有异质性，这种差异可能由于中美两个资本市场成熟度差异以及我国风险披露特点所致。进一步研究发现：当风险披露越多时，公司越倾向于进行股权融资，股权融资的折价率也越低，且公司债券信用利差也越低。这些研究结论显示，我国年报风险披露更多是对市场已知风险的解释和说明，而不是对未知风险因素的提示。这说明我国风险披露准则一定程度上有益于投资者保护，增加了信息披露的数量和种类，但对实质性、特质性的风险仍旧披露不足，我国风险披露规定与监管重心尚待调整和加强。

本书研究也存在一定局限性。对于风险披露指标的衡量，本书采用了风险描述段落的长度占全文比重，同时采用了董事会报告、风险描述段和全文中风险关键词的数量及是否披露风险应对措施，作为稳健性检验，然而风险描述段的长度和风险关键词的数量主要体现的都是风险披露的数量，对风险披露的实质性内容与质量的衡量仍不到位，同时对风险信息的经济后果也有待进一步探究。此外，尽管我们采用多种方法以控制内生性，但仍无法完全排除风险披露与权益资本成本间的内生性。

第 6 章　年报风险信息披露对分析师预测准确度的影响*

6.1　引　言

风险信息具有异质性与不确定性，公司披露意愿不足。首先，风险评估通常被视为负面消息（Li，2006），管理者可能隐瞒这些消息以维护其职业发展（Kothari et al.，2009）。其次，风险信息涉及私密，公司可能隐瞒这些消息以避免竞争力被削弱（Dye，1985）。再次，风险信息容易引发恐慌，致使人们对特定信息的解读甚至对公司的认知出现偏误（Calomiris and Mason，1997；Gilbert and Vaughan，1998）。最后，风险很难被准确认知和精确度量，风险信息披露具有不确定性，容易遭受质疑甚至引发诉讼。因此，各国监管机构均强制要求披露风险信息，美国 SEC 于 1997 年要求披露关于交易及未交易金融工具的风险信息，并于 2005 年后强制要求在年报第 1 页披露风险因素。我国 2007 年《年度报告的内容与格式》开始强制要求披露风险信息，并在 2012 年以及 2014 年两次修订中不断强化风险信息披露要求。但样板化的风险信息披露被认为对市场参与者意义不大（Kravet and Mulsu，2013）。

然而经验证据表明，风险信息披露并非毫无意义。有文献研究信息披露与风险的关系，发现信息透明度越高，流动性风险越低（Lang and Maffett，2011）。有文献研究风险与资本市场参与者风险识别行为的关系，发现风险越低，信贷利差越小（Campello et al.，2011），分析师盈利预测偏差越小（Parkash et al.，1995）。还有文献直接研究风险信息披露的经济后果，比如 Li（2006）研究风险

* 本章内容已刊发于《会计研究》2017 年第 10 期，参见：王雄元，李岩琼，肖忞. 年报风险信息披露有助于提高分析师预测准确度吗？[J]. 会计研究，2017（10）：37－43＋96.

信息披露与未来盈余之间的关系，Yang（2012）研究投资者对风险信息披露的风险感知，Kravet 和 Mulsu（2013）研究年报风险信息披露的改变量与股票市场以及分析师行为变化量之间的关系，Filzen（2015）研究风险信息披露变动时公司政策如何调整，姚颐与赵梅（2016）研究《招股说明书》中风险因素的披露状况及其市场反应，均发现风险信息披露发挥了效用。

我们认为可以从两个方面理解风险信息披露的效用：（1）风险信息可以解释已知风险因素和突发事件，可以披露未知风险因素比如新增风险，因而增加了公共信息供给。风险报告品质提高后，公司信息披露越来越透明（Elmy et al.，1998；Roulstone，1999）。因此，风险信息披露作为信息披露的一种，有助于提高信息供给与信息质量，本书称其为风险信息披露的信息观。（2）风险信息披露带给市场参与者的是关于未来业绩的范围而不是未来业绩的水平（Kravet and Mulsu，2013），市场参与者对这些信息的判断呈现较强异质性（Kim and Verrecchia，1991）。风险信息披露能增加市场参与者对公司风险的直接感知，引发市场参与者对未知风险的恐惧（Kravet and Mulsu，2013），从而显著增加股票回报波动率和交易量（Kravet and Mulsu，2013；Campbell et al.，2014）。因此风险信息披露又是一种专门披露风险信息的信息披露，有助于提高市场参与者的风险感知，增加市场参与者判断的异质性，本书称其为风险信息披露的风险观。信息观关注风险信息披露中的信息，而风险观关注风险信息披露中的风险，它们发挥不同效应。

我国还鲜有文献研究年报风险信息披露的相关问题，而分析师预测行为是比较合适的研究情境。分析师作为资本市场中重要的信息中介，分析师预测行为会影响市场参与者的投资决策，进而对资本市场产生相应的影响。分析师作为信息的专业使用者，公共信息的数量与质量都会影响分析师预测准确度，因此分析师预测行为是信息效率和信息环境变化的直接体现（Lang and Lundholm，1996）。年报风险信息作为一种特殊形式的信息不论是给分析师带来了更多的信息含量还是更多的风险感知，都会进一步影响到分析师的预测准确度，因而分析师预测行为是检验风险信息披露有效性的重要手段。分析师预测不仅需要未来现金流量信息，还需要有关风险的信息（Efthimios et al.，2004），相对于一些有助于评估风险的信息，披露风险信息是更直接的风险表达方式，它不仅能提供有关风险的直接信息，而且能提供佐证未来现金流量的相关信息，因此，能对分析师预测行为产生更广泛的影响。按照信息观的理解，风险信息披露不仅能提供有关风险的信息，而且能提供更好理解未来现金流量的信息，因而有助于提高分析师预测准确度。按照风险观的理解，风险信息披露会增加信息的不确定性，这种不确定性会降低分析师对未来现金流模型参数估计的精确度，进而降低分析师预测的准确度（Campbell et al.，2014）。

目前除 Kravet 和 Mulsu（2013）简单讨论风险信息披露与分析师预测分歧度的关系外，尚无文献深入探讨风险信息披露与分析师预测行为间的关系及其作用机理。本书以 2007—2013 年 A 股上市公司年报风险信息披露以及滞后一期的分析师预测数据为研究对象，探讨我国年报风险信息对分析师预测行为的影响。基于公司层面的证据表明：（1）风险信息披露频率越高，整体预测准确度越高，从而支持了风险信息披露的信息观；（2）风险信息披露频率对分析师预测准确度的信息效应主要体现在非国有企业、审计质量较高、盈余质量越好以及公司治理较好组，从而说明良好的内外部治理机制是风险信息披露发挥信息观作用、提供分析师预测准确度的重要保障；固有风险不影响本书结论，而且提供高于固有风险水平的风险信息披露更有利于分析师预测准确度的提高。基于分析师层面的证据表明：（1）风险信息披露频率越高，分析师个体预测准确度越高。风险信息披露频率对分析师个体预测准确度的信息效应主要体现在非明星、行业专长较低、对公司追踪时间较少的分析师中，这些分析表明我国风险信息主要对一般分析师发挥效应，也说明我国风险信息对既有公共信息形成了有效补充。（2）一般分析师在风险信息披露后的预测准确度更低，下一年更可能放弃跟踪。能力更强的分析师会加入跟踪行列，并且其在风险信息披露后的预测准确度更高。

本书研究设计与结果跟 Kravet 和 Mulsu（2013）的研究截然不同。Kravet 和 Mulsu（2013）并未考察风险信息披露对分析师预测准确度的影响，预测分歧度只是风险信息披露经济后果的一个方面，并未深入探讨风险信息披露如何影响预测分歧度，而且他们研究发现，年报风险信息增量增强了认知异质性从而提高了预测修正度方差，其结果倾向于支持风险信息披露的风险观。我国年报风险信息披露与美国资本市场具有同样的经济后果，还有待检验。我们首次利用文本分析量化风险信息披露，主要深入探讨我国风险信息披露对预测准确度的影响，研究发现风险信息披露提高了信息供给量与质量，从而增加了分析师预测准确度，进而支持了风险信息披露的信息观。同时，本书研究设计也有别于姚颐与赵梅（2016）的研究，他们研究《招股说明书》中风险因素的披露状况及其市场反应，而我们研究年报中风险因素的披露状况及其对分析师预测行为的影响。因此，本书研究具有一定创新性，研究结论有助于丰富信息披露文献以及分析师预测文献。

6.2 制度背景与文献回顾

6.2.1 年报风险信息披露制度

美国 SEC 于 1997 年要求披露关于交易及未交易金融工具方面的风险信息，FASB 于 1998 年要求披露金融衍生品和对冲行为市场风险方面的定量信息。在经历 2000—2002 年的股价下跌后，SEC 自 2005 年开始强制要求在年报第 1 页披露公司风险因素，而在经历 2008 年金融危机后，再次强化了对风险信息披露的监管。

我国 2007 年以前没有关于风险信息披露的强制性规定，2007 年修订的《公开发行股票公司信息披露的内容与格式准则第二号〈年度报告的内容与格式〉》才对风险信息披露做出规定。“第八节 董事会报告”要求披露公司可以从其控制下的特殊目的主体中获取的利益和所承担的风险，以及可能对未来发展战略和经营目标的实现产生不利影响的风险因素。2012 年修订进一步增加风险信息披露的强制性规定，“第一节 重要提示、目录和释义”要求在前瞻性陈述时提醒投资者注意投资风险，单独刊登重大风险提示，披露可能对公司产生不利影响的重大风险以及应对措施；“第四节 董事会报告”要求披露新增公司风险的成因、影响及应对策略；“第五节 重要事项”要求披露终止上市风险以及其后投资者关系管理工作的详细安排和计划；“第八节 公司治理”要求披露监事会是否发现公司风险。2014 年再次修订，只微调了“第九节 公司治理”的风险信息披露规定，要求披露监事会对其所发现公司风险的简要意见。

我国年报风险信息披露的主要特点是：越来越重视风险信息披露，风险信息披露的制度规定以及实际披露内容均呈增加趋势；强调对风险类型、成因以及应对策略的披露。FASB（2010）认为，财务报告最主要的作用就是提供有用的信息以评估净现金流量的数量、时间和不确定性。从我国对于风险信息披露的相关规定看，政府及监管机构强制公司进行更多有意义的风险披露，意在保护投资者并维护市场稳定，为市场参与者传递更多公司信息，但政策效果或者风险信息披露的效应如何有待检验。

6.2.2　分析师预测行为文献回顾

已有大量分析师文献主要从公司层面以及分析师层面探讨分析师行为的影响因素，大部分集中在分析师预测准确度。分析师盈余预测准确度直接决定着分析师盈余预测信息的价值和分析师行业存在的意义，因此，研究分析师盈余预测准确度的影响因素就显得尤为重要。

分析师预测准确度是指分析师预测值与实际值之间的差异。从公司层面看，投资回报率与盈余间的相关性越大（King et al.，1990），信息披露质量越高（Byard and Shaw，2003），应计盈余管理程度越小（李丹与贾宁，2009），信息披露越透明（方军雄，2007；白晓宇，2009），公共信息获取成本越低（王玉涛与王彦超，2012），分析师预测准确度越高。此外，会计稳健性也会对分析师预测产生影响（吴锡皓与胡国柳，2015）。从分析师层面看，分析师预测准确度与其能力、从业经验以及能够获得的资源显著正相关（Clement，1999）；经验与行业专长越充分，分析师预测准确度越高（Mikhail et al.，1999）；明星分析师的预测能力及其预测准确度高于其他分析师（李丽青，2012）。这些研究表明信息质量与个人能力是分析师预测重要的影响因素。

综上所述，信息是分析师预测行为的重要影响因素。公共信息增加会影响分析师预测准确度。年报风险信息披露是公共信息的一种，虽然不直接影响私有信息，但风险信息具有不确定性，会影响分析师对公共信息的判断，因而也会影响分析师预测行为。然而现有分析师预测行为研究文献未涉及年报风险信息对分析师预测行为的影响，本书研究年度报告中的风险信息披露如何影响分析师的风险感知及其决策行为因而具有一定新意。

6.2.3　风险信息披露文献回顾

从信息属性来看，风险信息既有公共信息的一般属性又有风险信息的特殊属性。(1) 风险信息可解释已知风险因素和突发事件，还可披露未知风险因素比如新增风险，增加公共信息供给。进而可以使既有信息更加透明，更加具有可读性。Elmy 等（1998）以及 Roulstone（1999）的实证研究表明，风险报告品质提高后，公司信息披露越来越透明。（2）风险信息具有较强不确定性，很难精确量化，披露风险信息可能使年报可读性减弱，理解难度增加，市场参与者对这些信息的判断呈现较强异质性（Kim and Verrecchia，1991）。因此，年报风险信息既能提供同质性信息又能提供异质性信息。

风险信息披露会影响市场参与者对公司的风险感知，进而引发一系列经济后果。有研究表明风险披露揭示了以前未知的风险因素和突发事件，因此，增加了用户的风险感知（Divergence Argument）。Li（2006）以年报中“风险”“不确定性”等风险词汇出现的频率衡量风险信息披露，并研究其与未来盈余之间的关系，结果发现，风险增加时盈余会显著下降，但风险降低时盈余没有显著变化，这表明风险披露指标能体现公司经营下行风险；当未来经营存在风险时，管理层为降低诉讼风险，会披露更多风险；风险披露增加时，投资者要求的报酬率较大，资本成本较高，但公司实际股价回报率反而下降。Kravet 和 Mulsu（2013）研究年报风险信息披露的改变量与股票市场以及分析师行为变化量之间的关系，结果发现，年报风险披露增量增加了股票回报波动率和交易量以及分析师预测分歧度和修正程度，证明风险披露增加了投资者的风险感知。Campell 等（2014）发现年报中 1A 部分的风险披露是有意义的披露且降低了不对称程度，但是提高了投资者的风险感知（用 beta 和股票波动率来衡量市场风险）。还有研究表明风险信息披露解决了公司的已知风险因素和突发事件，提供了有用的风险信息，因而降低了用户的风险感知（Convergence Argument）。Hope 等（2014）发现具有特质性的风险披露增强了投资者对风险的理解。

此外，不同披露语调和类型也会对资本市场产生影响。Kothari 等（2009）认为有利披露降低了回报波动率，而不利披露增加了回报波动率。Yang（2012）使用自动分析工具直接从文本中提取并量化风险，通过观察文本公告后两个月的股价波动性，研究投资者对风险信息披露的风险感知，结果发现，有些风险会增加投资者风险感知，而且风险因素段越长，对于风险感知能力的提升越大，但有些风险减少投资者风险感知。姚颐与赵梅（2016）研究发现，公司在《招股说明书》中披露的总风险、财务风险和经营风险越多，IPO 抑价越低，流动性越强。

但这些研究尚可进一步深入：（1）现有文献更关注风险信息披露对股价或交易量的影响（Kravet and Mulsu，2013），以及公司政策如何调整（Filzen，

2015）等，但对最能反映信息效率以及信息环境变化的分析师预测行为特别是预测准确度的关注度还不够；（2）现有文献缺乏对风险信息披露经济后果形成逻辑的详细分析；（3）现有文献缺乏对我国年报风险信息披露经济后果的系统性研究。姚颐与赵梅（2016）研究我国《招股说明书》中风险信息披露对 IPO 价格的影响，提供了风险信息披露经济后果的特殊例证，但年报风险信息披露更具有普适性，可用于更广泛经济后果的检验。

6.3　理论分析与假设提出

投资者需要了解公司价值创造过程中所面临的风险，需要企业披露风险信息以提高决策效率（Solomon et al.，2000），因此公司在年报系统披露风险有利于投资者决策（邓传洲与李正，2003）。风险信息披露对分析师预测准确度产生何种影响，取决于它提供了什么信息，以及这种信息是否为其决策所利用。如果我们关注风险信息披露的信息属性，它提高了公共信息的供给量与信息质量，进而增加了信息的可读性。信息透明度提高有助于提高分析师预测准确度。如果我们关注风险信息披露的风险属性，它提高了信息的不确定性，增加了信息的理解难度。信息不确定性与信息理解难度的增加，会增加分析预测的难度和异质信念，从而有可能降低分析师预测准确度，但风险信息披露究竟主要发挥哪种效应，以及其风险信息披露在中美资本市场上的表现是否相同，需要进一步探讨。

6.3.1　信息假说：年报风险信息披露提高了分析师预测准确度

同质性信息假说下，风险信息披露因提供了风险信息和提高了信息质量而有助于提高分析师预测准确度。（1）分析师预测准确度与信息质量或透明度正相关（King et al.，1990；方军雄，2007）。分析师预测不仅需要未来现金流量信息，还需要有关风险的信息（Demirakos et al.，2004），因此，分析师预测准确度还与公司风险以及分析师对公司风险的评价有关。提高风险报告品质后，公司信息披露越来越透明化（Elmy et al.，1998）。可见，风险信息披露不仅提供了风险信息而且对其他信息质量也有提高作用，进而可能提高分析师预测准确度。（2）风险信息披露解释了已知风险因素和突发事件，更新了公司风险因素评估，向市场参与者解释了公司所处的风险状态。公司能精确量化并公开该类风险，说明其对此类风险有足够的认识，更容易让人们相信公司有能力应对风险，增加了市场参与者对公司的信心。这有助于分析师或投资者分析和理解市场，更容易对公司风险进行精确地把控，评价风险产生的原因及后果（Hodder et al.，2008）。更多风险信息披露提高了信息透明度，增加了分析师对未来现金流模型参数估计的精确度，有助于提高分析师预测准（Campbell et al.，2014）。（3）分析师预测存在乐观倾向（Francis and Philbrick，1993；Easterwood and Nutt，1999；Firth et al.，2013），风险信息披露可能降低分析师预测的乐观倾向进而使其预测更加准确。因此从该角度风险信息披露可能增加分析师预测准确度。

综上提出信息假说 H1：年报风险信息披露越多，分析师预测准确度越高。

6.3.2 风险假说：年报风险信息披露降低了分析师预测准确度

在异质性信息假说下，年报披露的风险信息是与普通信息类别迥然不同的信息，它突出风险与不确定性，特别向市场传递出某些异质性信息，它的存在可能让既有公共信息的理解难度增加进而影响分析师预测准确度。（1）风险信息披露使年报的可理解性和可读性降低，分析师较难理解年报中包含的信息，此时分析师的分析难度也会大大增加，因此，预测准确度会降低。（2）披露较多不容易理解的风险信息时，公司可能被认为具有较高风险，进而可能引起市场恐慌（Slovic et al.，1980）。风险信息披露在增加投资者风险感知的同时，也降低了投资者对公司的信心（Kravet and Mulsu，2013）。市场对未知风险持恐惧和厌恶态度，这些风险比已知风险因素更容易影响资产定价（Barry and Brown，1985；Epstein and Schneider，2008；Caskey，2009），更容易对公司所具有的真实风险情况产生偏差甚至高估风险。（3）披露更多未知风险因素比如新增风险，会增加信息的不确定性与信息风险，这种不确定性会降低分析师对未来现金流模型参数估计的精确度，进而降低分析师预测准确度（Campbell et al.，2014）。因此，从该角度风险信息披露可能减少分析师预测准确度。

综上提出风险假说 H2：年报风险信息披露越多，分析师预测准确度越低。

6.4　样本选择以及描述性统计

6.4.1　样本选取

我国自 2007 年始强制要求企业披露风险信息，因此，本书风险信息披露数据期间为 2007—2013 年。由于需要观测年报披露后分析师的预测行为，因此，分析师预测数据需要滞后一期，期间为 2008—2014 年。由于分析师预测报告距离预测年度财务报告的时间间隔会影响预测准确性，为尽量剔除除年报之外的因素对分析师预测准确度的影响，本书参照 Lehavy 等（2011）的做法，选取分析师对公司当年 EPS 的预测为研究对象，若当年分析师进行了若干条预测，本书选取上年年报披露后以及当年年报披露前的第一次分析师预测，同时在做分析师层面研究时控制分析师预测间隔期。

2007—2014 年共计 10526 个原始年度公司样本，删除：（1）199 个金融行业样本；（2）74 个分析师预测数据缺失的样本；（3）290 个由于年报格式等问题无法提取风险数据，进而无法计算全文风险数据和董事会报告风险数据的样本；（4）1707 个财务数据缺失的样本，最终得到 8256 个年度公司样本。此外，2008—2014 年共有 112700 个分析师个人预测数据，删除：（1）5704 个金融行业样本；（2）4149 个分析师预测数据缺失的样本；（3）3196 个风险披露数据缺失的样本；（4）12385 个其他控制变量缺失的样本，最终得到 87266 个分析师个人层面的有效样本。

研究数据来源于国泰安数据库。为避免极端值影响，本书对所有连续变量进行了上下 1% 的 Winsorize 缩尾处理。为克服异方差、序列相关问题等的可能影响，本书对所有公司层面回归都做了群聚调整。

6.4.2　模型设计与变量定义

本书参照 Huberts 和 Fuller（1995）、管总平与黄文锋（2012）的做法设立公司层面分析师预测行为模型（1）：

$$Analyst = \beta_0 + \beta_1 RiskDisc + \beta \sum_{n=1}^{n} Firmcontrol + \varepsilon \quad (1)$$

同时，参照Clement（1999）以及赵良玉（2013）的做法设立个人层面分析师预测准确度模型（2）：

$$PMAFE_{i,j,t} = \beta_0 + \beta_1 RiskDisc + \beta_1 \sum_{n=1}^{n} Firmcontrol_{j,t} + \beta_2 \sum_{n+1}^{m} Analystcontrol_{i,j,t} + \varepsilon \quad (2)$$

被解释变量为分析师预测行为，包括公司层面分析师预测（Analyst）与个人层面分析师预测准确性（PMAFE）。

解释变量为年报风险信息披露（Riskdisc）。本书参考Kravet和Mulsu（2013）的做法，采用文本分析法构建风险信息披露指数。具体做法如下：（1）下载全部A股上市公司2007—2013年年报；（2）利用关键词提取法提取风险关键词，本书使用董事会报告部分出现的“风险”“不确定性”词汇作为风险相关词汇，并进行计数；（3）为了加强可比性，本书用风险相关关键词出现的次数除以所属部分总字数衡量风险信息披露。由于年报中董事会报告是最早进行强制披露要求的部分，且公司所面临的风险主要集中在这一部分披露，最具有代表性。而年报全文的风险关键词中，除董事会报告部分存在大量“风险防范”“风险机制”类似的披露，且全文字数过多，我们认为全文风险频率可能具有较大噪声，因此，主要用董事会报告部分风险披露频率（Direct_num）代表风险披露水平，即董事会报告风险频数/董事会报告总字数。随后，本书也使用年报全文风险披露频率（Ttrisk_num），即全文风险频数/年报总字数，以及董事会报告的风险披露频数进行了稳健性检验。

控制变量以及变量定义方式见表6－1。

表6－1　　变量定义表

变量名称	变量符号	变量定义
（1）被解释变量		
分析师（公司）预测准确度	Accuracy	$Accuracy = \lvert forecastEps - actualEps \rvert / (\lvert actualEps \rvert + 0.5)$，指标值越大，分析师预测误差越大
分析师（个人）预测准确性	PMAFE	$PMAFE_{i,j,t} = (AFE_{i,j,t} - \overline{AFE_{j,t}}) / \overline{AFE_{j,t}}$，其中，$AFE_{i,j,t}$ 是分析师i对公司j在t年预测误差的绝对值，$\overline{AFE_{j,t}}$ 是公司j在t年所有分析师预测误差的平均值。该值越大，表示分析师预测的偏差越大

续表

变量名称	变量符号	变量定义
(2) 解释变量		
董事会报告风险披露频率	Direct_num	董事会报告的风险频数/董事会报告的总字数×100
(3) 公司层面控制变量	Firmcontrol	
公司规模	Size	年末公司总资产的自然对数
盈利情况	Loss	近3年公司净利润曾亏损为1，否则为0
机构投资者持股	Inshold	当年年末上市公司的机构投资者持股比例
审计师事务所	Big10	若审计师事务所为“十大”取值为1，否则为0
财务杠杆	Lev	期末总负债与总资产的比值
上市年限	List	公司已上市的年数
股权集中度	First	第一大股东持股比例
盈余可预测程度	Intang	无形资产占总资产的比例
盈余与市场回报的相关性	CORR	最近3年年度回报率与净利润的相关系数
盈余波动性	Volatility	公司近3年净利润的离散系数
股权性质哑变量	SOE	公司为国有企业取值为1，非国企取值取0
净资产收益率	ROE	期末净利润与股东权益之比
公司成长性	Growth	主营业务收入增长率
券商更新预测的频率	Update	券商对上市公司发布预测的平均次数
分析师跟踪人数	Follower	本公司当年分析师跟踪人数加1取对数
(4) 分析师层面控制变量	Analystcontrol	
分析师所在券商规模	BSize	券商当年发布预测的分析师数量
预测期间	Period	预测公告日距离年报发布日平均相距天数的自然对数
明星分析师	Star	行业排名前五名定义为明星分析师取值为1，否则为0
分析师经验	Exp	该分析师发布第一条预测和现在发布预测的时间差
分析师跟踪公司数	Cover	分析师在当年所跟踪的公司总数
分析师专长	Spe	当年分析师在某行业跟踪的公司数占其跟踪的总公司数的比例

6.4.3 描述性统计

表6-2为主要变量描述性统计。结果显示：(1) 公司层面分析师预测准确度均值为0.1982，分析师个体预测准确度均值为-0.134；(2) 全文风险相关的

关键词占比均值为0.0766，最少占0.0319，最多为0.1594，董事会报告部分占比均值为0.0946，最多的占0.3277，最少为0，说明董事会报告中风险披露较为集中；（3）国有企业占51.36%，平均上市年限为9.7083年。

表6－2　　描述性统计表

变量	N	mean	sd	p25	p50	p75	max	min
Accuracy	8256	0.1982	0.2306	0.0444	0.1153	0.2619	1.2119	0.0011
PMAEF	87266	-0.0748	1.2321	-0.8299	-0.5583	0.1767	5.7342	-1
Ttrisk - num	8256	0.0766	0.0262	0.0580	0.0723	0.0909	0.1594	0.0319
Direct - num	8256	0.0946	0.0666	0.0460	0.0835	0.129	0.3277	0
Intang	8256	0.0477	0.0530	0.0157	0.0335	0.0597	0.3209	0
Lev	8256	0.4667	0.2031	0.3125	0.4751	0.6262	0.8749	0.0542
Size	8256	22.1780	1.2665	21.2782	21.9942	22.9011	28.5087	17.4260
ROE	8256	0.0873	0.0907	0.0414	0.0835	0.1327	0.3478	-0.2857
Growth	8256	0.1407	0.2692	0.00482	0.1264	0.2568	1.2735	-0.6360
Big10	8256	0.4695	0.4991	0	0	1	1	0
Volatility	8256	0.9529	2.2888	0.1991	0.3514	0.6973	17.7049	0.0382
First	8256	0.3711	0.1540	0.2450	0.3570	0.4867	0.7573	0.0945
Inshold	8256	7.9280	9.8481	2.1131	5.0600	9.8345	57.4900	0.1960
CORR	8256	0.0417	0.7413	-0.7327	0.1046	0.7964	1	-1
Update	8256	5.6784	2.7987	3.6250	5.2170	7	45	1
follower	8256	1.8278	1.0837	1.0986	1.9459	2.7081	3.7377	0
Loss	8256	0.0615	0.2403	0	0	0	1	0
SOE	8256	0.5136	0.4999	0	1	1	1	0
List	8256	9.7083	5.8681	4	9	14	30	2

在主要变量的相关系数中显示：（1）年报风险信息披露频率 Direct_num、Ttrisk_num 与分析师预测准确度 Accuracy 显著负相关，说明年报风险信息披露频率越高，分析师预测准确度越高，初步验证本章假说 H1；（2）董事会报告风险信息披露频率变化值与全文风险信息披露频率和的相关系数达到0.487，说明董事会报告部分的风险披露和全文风险信息披露频率高度相关，且董事会报告部分的风险信息披露是年报风险信息披露的主体。限于篇幅，不列示相关系数表。

表6－3为主要变量的差异性检验。我们将样本按董事会报告风险信息披露

频率中位数分为披露较多组和披露较少组，而后对分析师预测行为做均值与中位数的差异性检验。均值 T 检验以及中位数 Z 检验的数据显示：风险信息披露较多组的公司层面分析师预测准确度、个人层面分析师预测准确度均显著高于风险披露较低组，说明风险信息披露可以提高分析师的预测准确度，进一步说明假说 H1 成立的可能性更大。

表 6 -3　　主要变量差异性检验

项目	风险披露较少组		风险披露较多组		差异性检验	
	均值	中位数	均值	中位数	均值 T 检验	中位数 Z 检验
分析师预测准确度 Accuracy	0. 2036	0. 1216	0. 1911	0. 1089	2. 4488**	3. 4800***
分析师个人预测准确性 PMAFE	-0. 0567	-0. 5247	-0. 1020	-0. 5627	5. 3280***	7. 5700***

6. 5　实证结果与分析

6. 5. 1　年报风险信息披露与分析师预测行为

表 6 -4 为董事会报告风险信息披露（Riskdisc）对分析师预测准确度（Accuracy）影响的回归结果。第（1）列使用普通 OLS 回归检验，其中结果显示：年报风险信息披露（Riskdisc）均与分析师预测准确度（Accuracy）显著负相关，这说明风险信息披露越多，分析师预测准确度越高，即风险信息披露提高了分析师预测的准确度。证明假说 H1 成立。这一结论也说明我国风险信息披露可能提高了公共信息的供给量与信息透明度，但信息异质性偏弱，市场参与者更关注风险信息披露对既有信息的补充与完善，而对披露所强调的风险或不确定性的关注远远不够。除此之外，控制变量显著性及符号与白晓宇（2009）、王玉涛与王彦超（2012）、Lehavy 等（2011）的研究基本一致。当公司资产负债率越高、股票回报波动率越高，分析师预测准确度越低，当公司经营业绩越好、规模越大、机构投资者持股越多时分析师预测准确度越高。

表 6-4　　年报风险信息披露对分析师预测准确度的影响

分析师预测准确度 Accuracy			分析师预测准确度变化值 ΔAccuracy	
变量	OLS	固定效应模型	变量	差分模型
	(1)	(2)		(3)
Riskdisc	-0.0757** (-2.1098)	-0.151*** (-2.9330)	ΔRiskdisc	-0.151** (-2.3649)
Intang	-0.0539 (-1.2135)	-0.0085 (-0.0688)	ΔIntang	0.193 -1.0996
Lev	0.1840*** (12.2787)	0.114*** (2.9547)	ΔLev	0.175*** -3.3641
Size	-0.0150*** (-5.4594)	-0.020 (-1.4398)	ΔSize	-0.0531** (-2.5633)
ROE	-0.8700*** (-28.9415)	-1.083*** (-18.1088)	ΔROE	-1.216*** (-15.2756)
Growth	-0.1040*** (-11.6447)	-0.0979*** (-7.7960)	ΔGrowth	-0.0816*** (-5.5114)
Volatility	0.00843*** (7.6690)	0.00465*** (2.8931)	ΔVolatility	-8.73E-05 (-0.0431)
CORR	0.00458 (1.4594)	0.0113*** (2.9860)	ΔCORR	0.0143*** -3.3018
Loss	-0.0181 (-1.5777)	-0.0457*** (-2.8487)	ΔLoss	-0.047** (-2.2661)
List	-0.0005 (-1.0989)	-0.0261*** (-8.3910)	List	-0.0010** (-2.2688)
First	0.0083 (0.5200)	-0.132** (-1.9891)	ΔFirst	-0.141 (-1.3621)
Inshold	-0.0006** (-2.4520)	-0.0021*** (-3.4570)	ΔInshold	-0.0052*** (-6.6570)
Update	0.0009 (0.9438)	0.0023* (1.9407)	ΔUpdate	0.0048*** -3.6074
SOE	-0.0291*** (-5.2567)	0.0151 (0.5378)	SOE	0.0052 -1.0143
Big10	0.0082* (1.7407)	0.0009 (0.1321)	ΔBig10	0.0067 -0.7974
Follower	0.0354*** (12.4564)	0.0435*** (9.8376)	ΔFollower	0.0512*** -9.4816

续表

分析师预测准确度 Accuracy			分析师预测准确度变化值 ΔAccuracy	
变量	OLS	固定效应模型	变量	差分模型
	(1)	(2)		(3)
Indus&Year	YES	YES	Indus&Year	YES
Constant	0.637*** (11.6734)	0.951*** (3.3592)	Constant	-0.148*** (-7.8195)
Observations	8256	8256	Observations	5637
F 值	57.53	43.67	F 值	19.09
Adjusted - R^2	0.223	0.223	Adjusted - R^2	0.222

6.5.2　稳健性检验

第一，差分模型与固定效应回归。公司风险信息披露每年都有惯性披露或者存在样板式风险信息披露（Lehavy et al.，2011），因此，本书参照 Kravet 和 Muslu（2013）的研究设置差分回归模型，以消除不随时间改变的不可观测因素对结果的可能影响。一阶差分模型可部分消除个体效应的影响，若研究满足严格外生假定，固定效应模型也有较大优势，本书也在控制个体固定效应后进行了回归。表6-4第（2）、第（3）列分别为差分模型和个体固定效应模型回归结果，风险披露频率与分析师预测准确度显著负相关，说明当公司坦然披露所面临风险越详尽时，为分析师的预测行为提供了更多的公有信息，进一步提高了预测准确度。

第二，更换解释变量。本书以文本分析方法提取“风险”“不确定”关键词出现在董事会报告频数的对数（Direct），以及在风险关键词出现在全文的频率（Ttrisk_num）两个变量（Kravet and Muslu，2013；Campbell et al.，2014；Hope et al.，2014）进行采用 OLS、差分模型和固定效应模型进行稳健性检验。表6-5的结果显示：（1）董事会报告风险关键词出现频数自然对数 Direct 以及全文风险关键词出现频率 Ttrisk_num，与分析师预测准确度 Accuracy 均显著负相关。说明年报风险信息披露提高了分析师预测准确度。（2）董事会报告风险关键词出现频数自然对数的变化值 ΔDirect 与分析师准确度变化值 ΔAccuracy 显著负相关。说明年报风险信息披露的增量也增加了分析师预测准确度的变化值，进一步证明了假说 H1 的推论。

表 6-5 更换解释变量的稳健性检验

变量	Accuracy				变量	ΔAccuracy	
	OLS		固定效应模型			差分模型	
	Ttrisk_num	Direct	Ttrisk_num	Direct		ΔTtrisk_num	ΔDirect
	(1)	(2)	(3)	(4)		(5)	(6)
Riskdisc	-0.360*** (-3.5185)	-0.0768*** (-2.6023)	-0.413*** (-3.0401)	-0.131*** (-3.0050)	ΔRiskdisc	-0.512*** (-3.1062)	-0.0768*** (-2.6023)
Firmcontrol	YES	YES	YES	YES	ΔFirmcontrol	YES	YES
Indus&Year	YES	YES	YES	YES	Indus&Year	YES	YES
Constant	0.644*** (9.9667)	0.624*** (9.4080)	0.985*** (3.4690)	0.920*** (3.2403)	Constant	-0.148*** (-7.8441)	0.624*** (9.4080)
Observations	8256	8186	8256	8186	Observations	5637	8186
F 值	37.90	37.16	44.22	43.35	F 值	19.48	37.16
Adjusted - R^2	0.224	0.222	0.223	0.223	Adjusted - R^2	0.222	0.222

此外，我们还做了如下稳健性检验：

（1）利用2SLS解决内生性问题。本书采用2SLS处理遗漏变量引起的内生性问题。首先，参照Campbell等（2014）的做法，在控制企业规模、盈余波动性、盈余管理、风险以及股票日收益率的年度标准差等变量的基础上，设立风险信息披露（Riskdisc）影响因素模型，之后用该模型残差（Riskdisc_e）代替风险信息披露（Riskdisc）代入原模型进行第二阶段回归。回归结果显示：在控制了遗漏变量的可能影响后，年报风险信息披露频率（Riskdisc_e）依旧与分析师预测准确度（Accuracy）显著负相关，从而证明了假说H1的稳健性。

（2）监管机构对年报风险披露的要求在2012年发生了较大变化，在内容和要求上均明显增加，本书将2012年的准则改变作为一次外生冲击事件进行分组检验，结果显示风险披露对准确度的提高效应主要体现在2012年之后，说明风险披露的增加确实提高了分析师预测准确度，进一步证明了假说H1的稳健性。

（3）行业均值调整。竞争性或垄断性质不同，公司总体风险不同，行业风险信息披露状况也不同。竞争性可能促进信息披露（Botosan and Stanford，2005），加剧风险（Lez and Yun，2013），因此风险信息披露可能呈现较强的行业特征。本书对风险信息披露进行行业均值调整，以排除行业特征的影响。

（4）更换被解释变量。采用"Accuracy = |EPS预测值 - EPS实际值|/预测终止日收盘价"以及"Accuracy = |分析师利润预测值 - 当年实际利润值|/当年

实际利润值”衡量分析师预测准确度。

（5）分位数回归。OLS古典“均值回归”容易受极端值的影响，而且只反映集中趋势，但我们真正关心的是解释变量对整个条件分布的影响。为了保证回归结果的稳健性，本书进行了1/4、1/2、3/4分位数回归。回归结果显示：在样本的整体分布中，风险信息披露与分析师预测准确度均显著负相关，说明本书的结论较为稳健，且发现当风险信息披露频率在高分位，也就是当风险披露较为集中的时候，分析师预测准确度提高的结论在更加明显。限于篇幅，此处不报告回归表格。

6.6　对公司层面分析师预测准确度的进一步分析

不同特征企业有不同风险，也有不同的抗风险能力，因此，同样风险对具有不同抗风险能力企业的影响也不一样，这意味着分析师必须结合其他企业特征评价风险的重要程度，比如，国有企业由于有国家的隐形担保，分析师可能低估特定风险对国有企业的影响，良好的审计鉴证服务以及公司治理，有助于人们对企业基础风险有较好的认知，对风险信息披露有较好的接受度，进而对其预测准确度产生影响。

6.6.1　股权性质对年报风险信息披露与分析师预测准确度关系的影响

国有企业的风险承担水平显著低于非国有企业（李文贵与余明桂，2012），但当国有企业陷入困境时，外部投资者预期国有企业能得到政府的政策和财政支持，国家信用的隐性担保可能削弱企业经营风险的危害。国有企业一股独大较为普遍，信息披露需求不高，信息披露质量较低（Core，2001），分析师对于国有企业风险信息披露的信任程度和敏感程度要弱于非国有企业。这些分析表明，国有企业风险信息披露对分析师预测行为的影响较小，而非国有企业风险信息披露对分析师预测行为的影响较大。表6-6第（1）、第（2）列的回归结果显示：年报风险信息披露（Riskdisc）与分析师预测准确度（Accuracy）的显著负相关关系主要体现在非国有企业组，国有企业组风险信息披露对分析师预测准确度的影响相对较弱，从而说明国有企业隐形担保弱化了风险信息披露对分析师预测准确度的影响。

表 6－6　　公司特征对年报风险信息披露与分析师预测准确度关系的影响

变量	股权性质		盈余质量		内部公司治理		外部公司治理	
	国有企业	非国有企业	盈余质量差	盈余质量好	两职合一	两职分离	Big10	Non－Big10
	(1)	(2)	(3)	(4)	(5)	(6)	(7)	(8)
Riskdisc	－0.0629 (－1.3159)	－0.0939* (－1.6934)	0.0010 (0.0131)	－0.103** (－2.4069)	－0.105 (－1.1882)	－0.0694* (－1.7582)	－0.101* (－1.8773)	－0.0627 (－1.2965)
Control	YES	YES	YES	YES	YES	YES	YES	YES
Indus&Year	YES	YES	YES	YES	YES	YES	YES	YES
Constant	0.636*** (8.9033)	0.526*** (5.6330)	0.907*** (7.6393)	0.515*** (7.0338)	0.265* (1.7936)	0.683*** (11.5148)	0.657*** (8.5159)	0.655*** (8.0089)
Observations	4240	4016	2466	5790	1665	6591	3876	4380
F 值	36.85	25.38	19.59	25.79	10.95	49.07	29.73	30.38
Adjusted－R^2	0.253	0.199	0.241	0.221	0.201	0.235	0.233	0.216

6.6.2　盈余质量对年报风险信息披露与分析师盈余预测关系的影响

信息不对称程度反映投资者对企业内部信息的了解程度（Ravi and Hong，2014）。信息不对称程度较低时，市场参与者对企业较了解，对其风险信息披露更可能采取信任态度，信息不对称程度较高时，市场参与者更可能对其风险信息披露采取质疑态度。这种态度的差别会直接影响分析师对风险的估价，前者如实评估风险，后者可能高估风险，因此，信息不对称程度越低时，风险信息披露对分析师盈余预测的影响可能越强。本书采用 Dechow 等（1995）截面修正琼斯模型计算的可操纵性应计项目（DA）衡量公司盈余质量，并分为大于 DA 年度均值的低质量组和小于等于 DA 年度均值的高质量组进行了分组回归。表 6－6第（3）、第（4）列的回归结果显示：年报风险信息披露（Riskdisc）与分析师预测准确度（Accuracy）的显著负相关关系主要体现在盈余质量较好组，盈余质量较差组风险信息披露对分析师预测准确度的影响相对较弱，从而说明公司盈余质量强化了风险信息披露对分析师预测准确度的影响。

6.6.3　公司治理对年报风险信息披露与分析师预测准确度关系的影响

公司治理有助于提高信息披露质量（Core，2001），降低股票投资风险和投资者信念的异质程度（李维安等，2012）。公司治理能有效防范经营者财务舞弊，降低公司固有风险或控制风险（Knechel et al.，2010），公司治理水平越好，对信息披露的要求越高，因此，年报风险信息对分析师更有信息含量，其对分析师预测准确度的影响更大。本书用两职是否合一作为公司内部治理的代理变量，使用审计质量作为外部治理的代理变量。表 6－6 第（5）、第（6）以及（7）、第（8）列的回归结果显示：年报风险披露（Riskdisc）与分析师预测准确度（Accuracy）的显著负相关关系主要体现在两职分离组与前十大会计师事务所审计组（Big10）即公司治理较好组，两职合一组与非前十大会计师事务所审计组（Big10）组即公司治理较差组风险信息披露对分析师预测准确度的影响相对较弱，从而说明公司治理强化了年报风险信息披露对分析师预测准确度的影响。

6.6.4　公司固有风险的影响

风险信息披露有独特优势也有不可避免的缺陷，比如很难分清是信息风险还是基础风险（Lambert et al.，2007）。此外，公司固有风险也影响分析师预测行为，Parkash 等（1995）研究发现，经营风险、财务风险越高的公司，分析师预测准确度越低、分歧度越大。因此，存在我们观察到的结果可能不是风险信息披露增加而是公司固有风险所致的替代性假说。本书采取两者方法控制固有风险的影响。

第一，参照王雄元等（2015）的做法采用因子分析法对如下公司风险进行加权平均计算出综合风险指标（Risk）并加以控制。参与因子分析的风险主要包括：（1）市场风险：滞后一期的股票日收益率年度标准差（Kini and Wilians，2012），滞后一期的采用普通收益率法计算并剔除财务杠杆的股票贝塔系数（Tang and Yan，2010）。（2）经营风险：发行前三个年度经行业调整的资产收益率的标准差（李文贵与余明桂，2012），滞后一期的应收款总资产占比（李涛，

2005)，现金流占总资产比。(3) 财务风险：未经过行业调整的贝塔系数，经过行业调整后的贝塔系数，以及反映破产风险的 Z - score (于富生等，2008)。本书按照总风险指标变化值 Risk 中位数将样本分位高于中位数的较高风险组，以及低于中位数的较低风险组。表 6 - 7 第 (1)、第 (2) 列的回归结果显示：年报风险信息披露 (Riskdisc) 与分析师预测准确度 (Accuracy) 的显著负相关关系主要体现在高固有风险组。此结果也排除了上文中提到的替代性假说。

表 6 - 7　　固有风险对年报风险信息披露与分析师预测准确度关系的影响

变量	风险高	风险低	固有风险与风险披露的匹配度	
	(1)	(2)		(3)
Riskdisc	-0.106** (-2.1079)	-0.0448 (-0.8364)	Dumdiff1	-0.0122* (-1.7902)
Risk	0.0341** (2.2349)	-0.0164 (-1.2797)	Dumdiff2	0.0113* (1.6482)
Firmcontrol	YES	YES	Firmcontrol	YES
Indus&Year	YES	YES	Indus&Year	YES
Constant	0.381*** (4.1137)	0.724*** (8.8623)	Constant	0.518*** (7.7636)
Observations	4242	4014	Observations	7535
F 值	24.86	18.48	F 值	30.07
Adjusted - R^2	0.248	0.214	Adjusted - R^2	0.198

第二，进一步将 8 个公司固有风险指标分别按年度排序并分别赋值为1—10，1 表示公司固有总风险最小，10 表示公司固有总风险最大，而后加总后除以 8。采用同样方式对公司风险信息披露数据进行排序并赋值为 1—10，1 表示公司风险信息披露最少，10 表示公司风险信息披露最多。再将固有风险与风险信息披露赋值进行匹配，两者差值处于 (-5, +5) 说明公司披露的风险和固有风险大致匹配，两者差值处于 (+5, +10) 说明公司披露的风险大于其固有风险，dumdiff1 赋值为 1 否则为 0。两者差值处于 (-5, -10) 说明公司披露的风险少于其固有风险，dumdiff2 赋值为 1 否则为 0。然后用 dumdiff1 与 dumdiff2 替代 Riskdisc 进行回归，表 6 - 7 第 (3) 列的回归结果显示：dumdiff1 与分析师预测准确度 (Accuracy) 显著负相关，说明当公司披露风险大于公司固有风险时，由于提供了增量信息，因而有助于提高分析师预测准确度；dumdiff2 与分析师预测

准确度（Accuracy）正相关，说明当公司披露风险小于公司固有风险时，由于未提供增量信息甚至隐藏了部分风险信息，反而降低了分析师预测准确度①。

上述结论表明公司固有风险确实会影响分析师预测准确度，但在较好控制固有风险后，风险信息披露对分析师预测准确度的提高效应仍然存在。此外，第二种处理方式实际上也控制了管理层的风险态度，但即使排除管理层风险态度的影响后，本书结论仍然存在，从而证明了假说的稳健性。

6.7　基于分析师个人层面对预测准确度的进一步分析

6.7.1　年报风险信息披露与分析师个人预测准确度

我们在分析师层面检验了分析师个人预测相对准确度和风险信息披露之间的关系，表 6－8 第（1）列列示了风险信息披露对所有分析师个人预测准确度影响的回归结果，数据显示：年报风险信息披露频率（Riskdisc）与个人层面分析师预测准确度（PMAFE）的显著负相关关系与个人层面分析师预测准确度（PMAFE）显著负相关，这说明风险信息披露越多，分析师个人预测准确度越高，即风险信息披露提高了分析师个人的预测准确度，从而再次验证了假说 H1。

表 6－8　　分析师特征对年报风险披露与分析师个人预测准确度关系的影响

变量	全样本	是否明星分析师		是否具有行业专长		分析师经验	
		明星分析师	非明星分析师	行业专长较高	行业专长较低	跟踪经验超过 4 年	跟踪经验低于 4 年
	(1)	(2)	(3)	(4)	(5)	(6)	(7)
Riskdisc	−0.344***	−0.0343	−0.336***	−0.137	−0.373***	−0.237	−0.323***
	(−5.1078)	(−0.1348)	(−5.6038)	(−1.1650)	(−5.6062)	(−1.0413)	(−5.3293)
Firmcontrol	YES	YES	YES	YES	YES	YES	YES

① 我们对两个虚拟变量做了组内系数差异性检验，结果显示，dumdiff1 的系数显著性明显大于 dumdiff2 的显著性，说明披露更多的风险信息相比于隐藏更多风险信息，更有利于提高分析师预测的准确度。

续表

变量	全样本	是否明星分析师		是否具有行业专长		分析师经验	
		明星分析师	非明星分析师	行业专长较高	行业专长较低	跟踪经验超过4年	跟踪经验低于4年
	(1)	(2)	(3)	(4)	(5)	(6)	(7)
Analystcontrol	YES	YES	YES	YES	YES	YES	YES
Indus&Year	YES	YES	YES	YES	YES	YES	YES
Constant	-2.070*** (-13.9025)	-2.103*** (-5.0440)	-1.913*** (-15.0767)	-2.116*** (-8.8478)	-1.833*** (-13.2024)	-2.088*** (-4.9833)	-1.949*** (-15.4438)
Observations	87266	6406	80860	24399	62867	8093	79173
F值	137.4	20.63	155.4	56.29	130.1	25.60	157.1
Adjusted - R^2	0.133	0.163	0.159	0.166	0.158	0.159	0.159

6.7.2 分析师个人特征的可能影响

风险信息披露与分析师个人预测准确度的关系在不同特征的分析师中起着不同的作用。McEwen 等（1999）发现，预测准确度高的分析师更注重公司信息、关键财务比例和过去五年的收益汇总信息，而预测准确度低的分析师则更注重年报及附注。能力更强的分析师具有更强的信息搜集能力与分析能力，他们甚至不主要依赖年报信息。因此，我们预期年报风险信息披露对能力较强的分析师预测准确度的影响较弱。

第一，是否为明星分析师。明星分析师的预测平均表现更为出色，而且与其他分析师相比，明星分析师不太可能“随大流”（Follow the Crowd），且发布的预测更难用模型预计（Brown and Chen，1991）。李丽青（2014）证明明星分析师盈利预测能力比其他分析师强，预测准确程度更高。本书参考 Jackson（2005）的做法用分析师行业内排名衡量分析师声誉，行业排名前五则定义为明星分析师，否则为非明星分析师。表6-8第（2）、第（3）列的回归结果显示：年报风险信息披露频率（Riskdisc）与个人层面分析师预测准确度（PMAFE）的显著负相关关系主要体现在非明星分析师组，风险信息披露对明显分析师预测准确度的影响相对较弱，从而说明风险信息披露对非明显分析师预测准确度的提高作用更强。

第二，分析师是否具有行业专长。行业专长使得分析师能搜集到更多预测相关信息，从而提供更准确的预测（Jacob et al.，1999），具有行业专长分析师的信息来源更广，且更了解行业背景和同行业其他公司信息，并在不同公司间相互传递，对年报风险信息披露的理解和判断更好，同时也更可能在年报披露前获悉这些风险信息，而没有行业专长的分析师会更依赖年报信息披露，因此，风险信息披露对具有行业专长分析师预测准确度的影响较弱。本书借鉴 Jacob 等（1999）的研究以当年分析师在某行业跟踪的公司数占其跟踪的总公司数的比例度量行业专长，并按照年度行业专长的中位数分为高于中位数的行业专长较高组与低于中位数的行业专长较低组。表 6－8 第（4）、第（5）列的回归结果显示：年报风险信息披露频率（Riskdisc）与个人层面分析师预测准确度（PMAFE）的显著负相关关系主要体现在行业专长较低组，风险信息披露对具有行业专长分析师预测准确度的影响相对较弱，从而说明风险信息披露对具有较低行业专长分析师预测准确度的提高作用更强。

第三，分析师经验的影响。跟踪特定公司的经验增加时，分析师对以前盈余信息反应不足的情形有所减弱（Mikhail et al.，2003），进而有助于提高分析师预测准确度（Garcia et al.，2006）。具有丰富经验的分析师能更好感知公司风险，甚至不主要依靠年报风险信息披露，因此风险信息披露对经验丰富分析师预测准确度的影响较弱。本文将样本期间内对特定公司追踪年数超过 4 年的分析师视为有经验分析师。表 6－8 第（6）、第（7）列的回归结果显示：年报风险信息披露频率（Riskdisc）与个人层面分析师预测准确度（PMAFE）的显著负相关关系主要体现在分析师从业经验较低组，风险信息披露对具有丰富从业经验分析师预测准确度的影响相对较弱，从而说明风险信息披露对较少经验分析师预测准确度的提高作用更强。

6.7.3　年报风险信息披露与分析师个人预测准确度的时间序列分析

从时间序列上看分析师预测预测准确的提高，可能是较差分析师离开、较好分析师进入以及既有分析师预测准确度提高的结果。为此，本书做了两方面的分析：

第一，将当年分析师数据与下一年相比，若分析师下一年依旧跟踪了某公司则视为“保持”分析师，若分析师下一年没有继续跟踪某公司则视为“离开”分析师。我们据此进行分组回归，表 6－9 第（1）、第（2）列的数据显示：无论是在“保持”组还是“离开”组，年报风险信息披露频率（Riskdisc）与个人层面分析师预测准确度（PMAFE）显著负相关，但“保持”组的回归系数大于“离开”组，而且通过了系数差异性检验，这说明风险信息披露对即将离开分析师的影响最强，这部分较差分析师被优胜劣汰掉了。

表 6-9　年报风险信息披露与分析师个人预测准确度时间序列分析

变量	当年分析师与下年相比		当年分析师与上年相比	
	保持	离开	保持	新增
	(1)	(2)	(3)	(4)
Riskdisc	-0.289** (-2.4948)	-0.326*** (-4.7158)	-0.558*** (-4.9938)	-0.198*** (-2.9793)
Firmcontrol	YES	YES	YES	YES
Analystcontrol	YES	YES	YES	YES
Indus&Year	YES	YES	YES	YES
Constant	-2.315*** (-11.2848)	-1.780*** (-13.3411)	-2.832*** (-11.6193)	-1.999*** (-15.8124)
Observations	26408	60858	25001	61661
F 值	52.61	128.6	62.97	116.8
Adjusted - R^2	0.166	0.157	0.133	0.171

第二，将当年分析师数据与上一年相比，若分析师上一年就跟踪了某公司则视为“保持”分析师，若分析师上一年没有跟踪某公司则视为“新增”分析师。表6-9第（3）、第（4）列的回归结果显示：无论是在“保持”组还是“新增”组，年报风险信息披露频率（Riskdisc）与个人层面分析师预测准确度（PMAFE）显著负相关，但“新增”组系数大于“保持”组，而且通过了系数差异性检验，这说明新增的分析师受年报风险信息披露的影响小于保持分析师，说明新增分析师对年报的风险信息具有较强的判断能力，新增分析师可能是优秀分析师。

6.8　研究结论与不足

本书以2007—2014年A股上市公司为研究对象，探讨了年报风险信息披露对分析师预测准确度的影响。结果显示，风险信息披露提高了分析师个体与整体的预测准确度，支持了风险信息披露的信息观。这与 Kravet 和 Mulsu（2013）的研究结论支持风险观有所不同，我们认为这种差异可能体现了中美两个资本市场成熟度以及风险信息披露侧重点上的差异。中国资本市场成熟度较低，公司风险信息披露可能侧重于对既有风险因素的阐述，市场参与者多将风险信息披露视为既有年报信息的补充。美国资本市场成熟度较高，公司风险信息披露可能更侧重于对未知风险因素的披露描述，市场参与者可能更关注风险信息披露中的风险而不是简单视其为既有年报信息的补充。这种差异也暗示我国风险信息披露规定与监管重心可能需要适度调整。

本书研究还是尝试性的，难免存在缺陷。首先，本书采用风险或者不确定性等词汇出现的频率衡量风险信息披露，有一定局限性。客观上中文文本分析难度远超英文文本分析，原因是很难确定中文文本关键词词典以及行文语气的句式语法。比如我们对与“风险”相关的关键词没有全面覆盖；另外即使没有“风险”或“不确定性”这些词语出现，也可以做到全文都在传递风险的意思，即使没出现一个“不”字，也可以做到全文每一个字都在传达拒绝的意思。尽管如此，我们认为年报信息披露毕竟不同于文学创作，要遵守年报披露规则的规定，因此，具有一定专业性和规范性，能保障本书研究结果的科学性与合理性。其次，考虑并深入分析分析师的其他预测行为，风险种类、成因以及应对策略能极大提高本书研究的深度，但受篇幅所限，我们将在后期研究中探讨。

第7章　信息披露的影响因素及经济后果文献导读

7.1　机构投资者持股、同行业压力和自愿性信息披露[①]

7.1.1　研究动机

Boone 和 White（2015）的研究表明，Russell2000 指数公司的指数型机构投资者持股比例较高导致了管理层信息披露、分析师跟踪和股票流动性的增加。那么，因此带来的指数型机构投资者持股公司的信息披露环境的改善是否会对同行业公司的信息披露行为产生影响呢？本文针对这个问题，利用每年 Russell1000/2000 指数的重建造成的门槛附近机构投资者持股比例断点，采用类自然实验的方法对这个问题进行探讨。

7.1.2　理论框架

同群效应在社会学、心理学和经济学领域已经有大量的研究表明：一个企业的行为会影响与它存在经济关联的同行业企业的行为、企业愿景和业绩表现。然而，这类研究面临的挑战是公司与其同行业公司的行为是相互关联、相互影响的，从而难以建立因果关系（Leary and Roberts，2014）。并且也可能也是由于同行业公司处于相同的制度环境、有相似的公司特质导致他们有类似的行为（Manski，1993）。

① 本节内容据相关文献摘编，原文参见：Lin Y，P.，Y，Mao，and Z，Wang，2018，"Institutional Ownership，Peer Pressure，and Voluntary Disclosures"，The Accounting Review，93（4）：283 – 308.

本文为了克服上述问题，研究出同群效应对公司信息披露的影响，采用 Russell 投资公司（RIC）的 Russell1000/2000 指数的重建作为类自然实验研究此问题。每年的5月31号，Russell 公司会根据所有股票的市值对他们进行重新排列。前1000个市值最大的公司被选中作为 Russell1000 指数成员，接下来的2000个公司被选中作为 Russell2000 指数的成员。从这个角度看，这3000个公司的市值是随着它们的排名平滑变化的。在 Russell1000/2000 指数门槛附近，排名在 Russell 指数1000末位的公司的规模应当和排名在 Russell 指数2000前列公司的规模相当。但是，由于 Russell1000 指数和 Russell2000 指数是根据他们的市值加权形成的，排在 Russell 指数1000末位的公司显然比排在 Russell 指数2000指数前列的公司的市值权重要低。当指数型机构投资者以 Russell 指数为标准进行投资组合时，他们自然地在 Russell2000 指数排名靠前的公司中持有更高的股份，在 Russell1000 指数排名靠后的公司中持有较低的股份，造成指数型机构投资者在这两种指数之间的持股比例存在一个天然的断点。由于指数型机构投资者持股比例在 Russell1000/2000 指数门槛附近的跳跃对公司个体来说可以被看作是外生冲击，因此它为检验每年 Russell1000/2000 指数重建后，Russell 指数同行业公司对此的反应提供了很好的因果设定。

前人的大量研究表明机构投资者持股改善了公司的信息环境，并且因此降低了公司的资本成本。Boone 和 White（2015）的研究表明 Russell2000 指数前列公司的指数型机构投资者持股比例的提高显著增加了管理层信息披露，分析师跟踪和股票流动性。本文认为由于指数型机构投资者具有分散投资的特点，因此，对于它们而言，获取私有信息的成本过高，所有它们有更强的动机促使公司增加披露公开信息，此外，更高的信息透明度能够降低指数型机构投资者的监督成本。管理层和分析师通常会选择提供更多的公开信息迎合指数型机构投资者的信息需求，这也改善了公司的信息环境并增加了股票流动性。

本文根据每年 Russell1000/2000 指数的重建来研究同群效应对公司自愿性信息披露的影响。具体而言，本文研究了每年 Russell 指数重建后，Russell2000 指数排名前列公司和 Russell1000 指数排名末位公司的同行业公司的管理层业绩预告发布情况。本文认为，Russell2000 指数排名前列公司的机构投资者持股比例的增加以及信息环境的改善给其同指数同行业的其他公司带来了压力，促使他们也采取行动改善自身的信息环境。这种压力可能来自对资本的竞争，或者羊群效应或共同的机构投资者持股（Merton 1957；Bryant 1983；Diamond 1985；

Jung 2013 等)。本文推测，当罗素 Russell2000 指数排名前列公司的指数型机构投资者改善它们的信息环境时，其同行业公司出于对更低资本成本和更多资本的需求，也会增加自身的自愿性信息披露以吸引投资者；社会学，心理学和经济学文献表明，人们倾向于趋同于相似的行为或模仿彼此的行为（Sias 2004 等)。基于此，本文认为当前列罗素 Russell2000 指数公司增加自愿披露以适应机构投资者对信息透明度的要求时，同行公司的管理者可能不得不模仿或趋同于这种行为；此外，前人研究表明交叉持股的机构投资者可以作为同行公司之间的渠道来传播公司披露政策（Massa and Zaldokas，2017)。Jung（2013）发现，机构交叉持股与公司决定跟随先行者提供更多量化披露存在显著正向关系。因此，本文考虑共同的机构投资者持股可能是同群效应对公司自愿性信息披露产生影响的渠道之一。鉴于当样本被限制在一个较窄的范围内时，机构投资者较高的持股比例几乎可以被视为随机事件，因此，本文的推断不太可能由遗漏变量导致。大量的稳健性检验也支持了本文的结论。

7.1.3 相关文献和研究贡献

（1）相关文献

本文的相关文献分为两大类，第一大类是关于同群效应的文献。Manski（2000）的研究表明一个企业的行为会影响与它存在经济关联的同行业企业的行为、愿景以及业绩表现。此外，现有很多研究表明，行业同行有相互依存的公司政策，包括资本结构（Leary and Roberts，2014)，投资（Beatty，Liao and Yu，2013）和薪酬设计（Bizjak，Lemmon and Naveen，2008)。

第二大类是关于机构投资者对信息披露影响的文献。与本文较为相关的是 Boone 和 White（2015）的研究，他们的研究结果表明 Russell2000 指数前列公司的指数型机构投资者持股比例的提高，显著增加了管理层信息披露、分析师跟踪和股票流动性，而且指数型机构投资者者有强烈的动机要求公司进行更多的公开披露，因为他们拥有金额庞大且多样化的投资组合，收集私有信息的成本很高。

（2）研究贡献

首先，本文的研究补充了关于同行业影响对公司政策，信息披露和其他公司特征影响的文献。由于在 Russell1000/2000 指数门槛附近公司的机构投资者持股比例为自然实验的断点，本文能够将其相应的同行业公司管理层业绩预告行为的变化归因于同群效应。

其次，现有的研究主要集中在机构投资者持股对公司自身信息环境的有利影响，如披露状况、分析师跟踪和股票流动性（Healy et al.，1999；Bushee and Noe 2000；Ajinkya et al.，2005；Boone and White 2015）。然而，关于机构投资者对其投资之外的公司的影响却很少有文献涉及，本文对这个领域进行了补充。

7.1.4 研究设计

（1）样本

本文的 Russell 指数公司数据来源于 RIC；会计信息的数据来自 Compustat 数据库；股票价格信息数据来自 CRSP 数据库；分析师的数据来自 I/B/E/S 数据库；管理层盈余预告的数据来自 First Call Company Issued Guidance 数据库；机构投资者持股数据来自 Thomson's CDA/Spectrum 数据库。参考 Boone 和 White（2015），样本区间选取自 1998—2006 年，样本共计 19948 个。

（2）变量定义

①自变量

Treatment：哑变量。Russell2000 指数实验组公司（Russell2000 指数排名前 100 的公司为实验组公司；与此对应，Russell1000 指数排名后 100 的公司为控制组公司）的同行业公司赋值为 1，否则为 0。

②因变量

Guidance：哑变量。Russell 指数重建后，从当年 7 月至次年 5 月，公司发布年度或季度业绩预告则取 1，否则取 0；

Frequency：Russell 指数重建后，指数重建后从 7 月至次年 5 月，公司发布年度或季度业绩预告的数量。

（3）模型

$$
\begin{aligned}
\text{Management Forecast}_{jt} = \alpha &+ \beta_0 \text{Treatment}_{jt} + \beta_1 \text{Absrank}_{it} + \beta_2 \text{LSize\_peer}_{jt-1} \\
&+ \beta_3 \text{Earn\_vol\_peer}_{it-1} + \beta_4 \text{Ret\_vol\_peer}_{jt-1} \\
&+ \beta_5 \text{N\_analyst\_peer}_{jt-1} + \beta_6 \text{Rnd\_peer}_{jt-1} \\
&+ \beta_7 \text{Issuance\_peer}_{jt-1} + \beta_8 \text{LSize\_ru}_{it-1} + \beta_9 \text{Earn\_vol\_ru}_{it-1} \\
&+ \beta_{10} \text{Ret\_vol\_ru}_{it-1} + \beta_{11} \text{N\_analyst\_ru}_{it-1} + \beta_{12} \text{Rnd\_ru}_{it-1}
\end{aligned}
$$

$$+\beta_{13}\text{Issuance\_ru}_{it-1}+\beta_{14}\text{Indsize}_{it-1}+\text{Year}+\text{Industry}+\varepsilon_{jt} \quad (1)$$

7.1.5 实证分析

（1）本文首先描述了断点附近机构投资者持股比例的变化。Russell1000/2000 指数门槛附近机构投资者持股比例有明显的断点，Russell1000 指数末位公司的机构投资者比例显著低于 Russell2000 指数前列公司的机构投资者持股比例。将机构投资者分类后发现，指数型机构投资者持股比例在 Russell1000/2000 指数门槛附近的断点最为明显；其次是短期持股投资者持股比例在门槛附近的断点；长期机构投资者持股比例在门槛附近几乎是平滑的，不存在断点。接着，本文也报告了实验组同行业公司的业绩预告发布情况。Russell1000/2000 门槛附近，实验组同行业公司的 Guidance 和 Frequency 存在明显断点。这与本文的推测一致，当指数型机构投资者以 Russell 指数为标准进行投资组合时，由于 Russell1000 指数公司和 Russell2000 指数公司规模的差异，它们自然地在 Russell2000 指数排名靠前的公司中持有更高的比例，在 Russell1000 指数排名靠后的公司中持有较低的股份，造成指数型机构投资者在这两种指数之间的持股比例存在一个天然的断点。

（2）上述模型的回归结果显示 Guidance/Frequency 和 Treatment 的回归系数显著为正，说明实验组 Russell 公司的同行业公司比控制组 Russell 公司（定义为 Russell1000 指数排名末位 100 的公司）的同行业公司更倾向发管理层业绩预告，且业绩预告的频率更多，与本文的预测一致。此后，本文将 Russell 实验组和控制组公司的机构投资者分类为短期机构投资者、指数型机构投资者、长期机构投资者，将其持股比例代替 Treatment 代入上述回归，结果发现只有指数型机构投资者持股比例与同行业公司是否发布业绩预告和业绩预告频率均显著正相关，说明 Russell2000 指数排名前列公司的指数型机构投资者持股比例的增加以及信息环境的改善给其同行业的其他公司带来了压力，促使他们也采取行动改善自身的信息环境，增加了自身的管理层业绩预告披露状况。对于第二个主回归，由于存在可能有未观测到的公司特征导致指数分配结果的内生性担忧，本文采用工具变量的方法检验了结果的稳健性。具体而言，本文选取了是否为 Russell2000 指数成员为工具变量，因为指数型机构投资者会青睐 Russell2000 指数公司，但是却和实验组同行业公司是否发布业绩预告没有明显关系，回归结果与上述第二个主回归结果一致，证明了结论的稳健性。

（3）对主回归的稳健性检验一共包括以下六个：①改变 Russell1000/2000 指数门槛附近的带宽为（-50，50）（-150、150）；②将衡量距离 Russell1000/2000 指数门槛远近的 Absrank 变量的一次多项式换为高次序多项式；③删除同行业公司重复配对的样本，即每个同行业公司只配对一次；④运用 PSM 将 Russell2000 实验组和 Russell1000 控制组的同行业公司匹配后得到的样本进行回归；⑤伪门槛回归检验。将排名 500 的公司和排名 1500 的公司作为门槛进行回归；⑥差分检验。上述回归结果的都与主回归的结果一致，证明了主回归结果的稳健性。

（4）路径检验。本文认为同群效应对自愿性信息披露的影响可能有三个路径：①对资本的竞争。具体而言，本文将代表股票非流动的两个指标和代表流动性的一个指标，分别是：买卖价差；对价格影响（绝对收益与美元交易量的平均比率的对数）；美元交易量，作为衡量公司对资本成本需求的代理变量。分别代入主回归，结果发现，Treatment 对 Guidance 的影响显著下降，Treatment 对 Frequency 的影响则不再显著，但 Russell 公司股票流动性和指标和其同行业公司业绩预告的系数全部显著，说明 Russell 公司的股票流动性显著吸收了同群效应对管理层业绩预告是否发布和发布的影响。为了检验此结果的稳健性，本文通过横截面测试，根据 Russell 公司同行业公司的融资需求进行分组，探讨同行业公司管理层业绩预告行为差异。本文使用两个指标代理同行业公司竞争资本的动机：RZ ratio（总资本支出加上研发费用之和超过总资本支出和研发费用现金流量之和的比率）；market-to-book ratio（市账率）。结果发现同群效应对管理层业绩预告的显著促进作用，仅在同行业公司资本需求较大的分组中出现，进一步说明了对资本的竞争可能是同群效应对管理层业绩预告发布有积极影响的重要渠道。②羊群效应。本文加入了 Russell 公司业绩预告频率的控制变量，结果发现，加入 Russell 公司的业绩预告发布频率后，主回归结果依然显著，羊群效应并没有吸收同群效应对公司业绩预告的促进作用，所以此渠道不成立。③共同的机构持股。本文加入 Russell 公司和它们同行业公司共同持股的机构投资者持股比例到主回归，结果发现，加入共同持股的机构投资者比例后，主回归结果依然显著，交叉持股并没有吸收同群效应对公司业绩预告发布的促进作用，此渠道不成立。

(5) 其他信息披露情况的检验。本文上述检验都只关注与管理层业绩预告，没有考虑管理层可能用于改善信息环境的其他信息披露政策，为了检验公司信息披露环境是否整体有改善，本文选用了两个指标：盈余质量（与公司绩效匹配的可自由支配应计的绝对值）；其他信息披露［log（1 + 7 月至5 月公司发布的新闻数量，不包括强制报告和管理层业绩预告）］。替换因变量后代入主回归进行检验，回归结果发现，盈余质量和其他信息披露都有显著改善，说明不仅是管理层业绩预告，同群效应对公司信息披露环境的改善均有促进作用，进一步支持了本书的逻辑。

7.2 商业秘密法与公司信息披露：专有化成本假说的因果证据①

7.2.1 研究动机

公司信息披露减少了经理人和股东之间的信息不对称，这将增加公司的股票流动性并降低企业资本成本。因此，如果没有任何成本，管理者出于价值最大化的目的，就有动机充分披露其专有信息。然而，由于专有化成本的存在，企业在资本市场上企业很难做到充分披露信息，充分信息披露可能会损害公司在产品市场上的竞争地位，因此，企业在自愿性信息披露时会选择部分披露，披露的程度随专有化成本的升高而降低。

专有化成本是影响专有信息披露的重要影响因素，这一结论在理论上已被推导，却缺乏实证检验，原因在于我们较难观察到企业信息披露的专有化成本。在既有的研究中，一般从行业结构，即市场集中程度、市场进入和退出障碍、产品差异和信息完全程度等方面来估计专有成本的变化，但使用行业结构衡量专有化成本具有一定的局限性。一方面，行业结构通常受一个行业内公司数量的影响，公司数量越多，市场竞争越激烈，企业的资本市场收益就越低。因此目前还不清楚激烈的竞争激烈使得企业信息披露减少是由于专有成本高引起，

① 本节内容据相关文献摘编，原文参见：Li，Y.；Lin，Y.；Zhang，L.，2018，“Trade Secrets Law and Corporate Disclosure：Causal Evidence on the Proprietary Cost Hypothesis”，Journal of Accounting Research，56（1）：265 - 308.

还是由于资本市场收益所导致。另一方面，是在分部报告中，管理层会选择不披露不盈利的部分项目，以避开股东的监督，并维持较高的股价，因此，很难区分是专有化成本还是代理成本对信息披露产生了影响。

为了解决这一难题，本文利用“不可避免披露原则”（以下简称“IDD 原则”）的颁布实施为外生事件，“IDD 原则”只影响专有化成本，不对影响披露的其他因素产生影响。与既有研究不同，本文的研究设计不使用行业结构来衡量专有化成本，研究的对象只与竞争对手有关，不与其他利益相关者相关，如此可排除信息披露水平的降低由代理成本和资本市场收益导致的可能性。

7.2.2　理论框架

专有化成本主要是企业披露的信息被企业的竞争对手和其他市场参与方利用给该公司带来的成本。最常见的专有性信息损失事件主要是与客户有关的信息，包括客户身份信息，客户的偏好和产品定价等信息的损失。一方面，披露客户信息，企业会产生失去主要客户的成本，披露客户的信息会让竞争对手更加便利地获取公司客户信息，竞争对手可能通过纵向合并、价格谈判等方式来抢夺公司客户。另一方面，披露客户信息，会产生竞争劣势带来的机会成本，竞争对手可以利用被披露的客户相关信息来评估该公司产能和生产成本等，并采取有针对性的反制措施，使自身在竞争中处于不利地位。此外，客户信息能够反映行业收入来源情况，降低潜在进入者的信息获取成本，使公司面临竞争劣势。

基于专有化成本假说，利用美国各州法院多时点采用不可避免的披露原则这一种外生冲击事件，实证检验了“IDD 原则”的颁布对公司自愿性信息披露的影响。不可避免的披露原则是指，当掌握前雇主商业秘密的雇员离职后，在入职竞争对手公司前，前雇主认为该雇员在竞争对手公司从事特定工作将不可避免地泄露特定商业秘密，则有权以前述理由向法院提供相应证据，申请法院颁布禁令阻止该雇员入职竞争对手公司。这项法案大大加强了对商业秘密的保护，商业秘密主要包括客户名单、生产方法、饮料配方。

企业的竞争对手获取公司专有信息的一个重要渠道是雇用本公司离职的员工，而采用“IDD 原则”降低了因为员工流动而损失机密信息的风险，竞争对手公司只能依赖公开披露的信息来获取专有信息，很难从离职员工得到专有信息。同时，对专有信息的法律保护增加了专有信息的“产权”，从本质上提高了专有信息的经济价值。因此，“IDD 原则”的颁布作为一种外生冲击事件，会增加专有信息披露的边际成本和不披露的边际收益。本文选择研究采用“IDD 原则”对公司披露客户身份信息的影响，披露公司客户的身份信息会使竞争对手推断出披露公司的生产能力、定价策略和成本结构，披露客户身份信息会给企业带来巨大的成本，即专有化成本。基于上述观点，本文预测“不可避免的披露原则”的采用会降低专有信息披露水平。

7.2.3 文献与贡献

（1）相关文献

首先，专有化成本相关文献。既有文献主要采用了行业结构的变化来反映专有化成本，Harris（1998）认为公司在竞争不激烈的行业中披露的经营性信息会较少，从而保护自身的非正常收益。Leuz（2004）研究发现，当行业进入壁垒相对较高且企业盈利能力较低时，企业更有可能自愿提供分部数据。如果管理者认为目前或潜在的竞争很激烈，他们更可能隐瞒有关销售和销售成本的信息（Dedman and Lennox，2009）。行业竞争激烈的公司更有可能伪造财务报告信息，同时这些行业的企业不太可能提供管理预测（Verrecchia and Weber，2006）。行业集中度高的公司，发布的盈余预测信息并不准确（Bamber and Cheon，1998）。由于自愿性信息披露存在专有成本，行业集中度高的制造业企业披露较少（Ali，Klasa and Yeung，2014）。此外，研发投入高的 IPO 企业更有可能从 SEC 的注册文件中修改信息（Boone，Floros and Johnson，2016）。

其次，客户身份信息相关文献。Ellis 等（2012）研究发现，研发投入高和广告费用高的公司会更少披露有关其客户的信息，这与专有成本假说一致。

最后，Klasa 等（2017）认为丧失知识产权给竞争对手是一种重大的威胁，而采用不可避免的披露原则可以降低这种风险。在采用“IDD 原则”后，企业会重新平衡资本结构并提高财务杠杆，因为竞争威胁降低了，企业不再会选择保守的资本结构。

（2）本文贡献

首先，本文通过确定专有成本对企业自愿披露决策的实证检验，丰富了财务报告和信息披露的文献。既有文献难以将代理成本和专有化成本分离开，难以观测代理成本和专有化成本对企业信息披露的影响，本文利用外生事件，很好地解决了这一难题。

其次，本文检验公司明确披露的项目，即客户身份信息这一专有化信息，与既有研究中使用的披露项目相比，披露企业客户信息更有可能削弱企业的竞争优势。

最后，本文丰富了法律影响公司信息披露政策的文献。既有文献一般侧重于对投资者或债权人提供法律保护如何影响企业信息披露，而本文的研究聚焦于知识产权法律如何影响公司披露。

7.2.4　研究设计

（1）样本

本文从 Bill McDonald 数据库中选取了 1994—2010 年所有上市公司总部的位置信息。首先剔除了非美国本土公司以及金融类、公共事业类公司，然后剔除总部设在美国以外的公司，还剔除了销售给客户的收入达到或超过 10% 却未披露客户身份信息的公司（SFASNO. 131 规定：企业应披露其对主要客户的依赖程度，如果销售给客户的收入达到或超过 10%，必须同时披露该客户的身份及销售占比），最终得到 28547 个公司年度观察值，并对主要连续变量在 1% 和 99% 水平上进行了缩尾处理。

（2）变量

①解释变量

IDD：颁布“IDD 原则”所在州的公司，在采用后的期间取 1，在采用前的期间取 0；未颁布“IDD 原则”所在州的样本在样本期内都取 0。

Weighted IDD：考虑到各公司的员工数量的加权 IDD。

②被解释变量

Ratio 1：分部报告中身份信息不能被识别的客户的百分比。

Ratio 2：分部报告中身份信息不能被识别的客户销售额合计占公司销售总额的比例。

（3）模型

$$\ln(1+\text{NonDisclosure})_{i,s,t}=\beta \text{IDD}_{s,t}+\gamma X_{i,s,t}+\omega_i+\theta_s+\tau_t+\varepsilon_{i,s,t} \quad (1)$$

模型（1）为主回归模型，为避免公司信息披露的个体异质性、时变性，本文控制了州层面、年度、公司固定效应。

7.2.5 实证分析

（1）主回归检验

使用 Ratio1 作为被解释变量，在控制行业固定效应，IDD 变量在 1% 水平上显著为正；使用 Ratio2 作为被解释变量，在控制个体固定效应，IDD 变量在 5% 水平上显著为正，说明在采用“IDD 原则”后，披露客户身份信息量显著变少。控制变量中，“缺失的 R&D”这个变量显著为正，说明没有披露 R&D 的公司更有可能隐瞒客户的身份信息；R&D 投入较多的公司披露客户详细信息的专有化成本较高，在采用“IDD 原则”后，未披露的客户身份信息会显著增加。

此外，动态趋势检验反映了采用“IDD 原则”时客户身份信息的前后动态变化。在控制年度、公司层面、州层面的固定效应后，Ratio1 变量在采用不可避免披露原则之前不显著，直到后两期才显著；Ratio2 变量在采用不可避免披露原则后两年显著为正，而且显著性是越来越强。这一结果也符合平行趋势假设。

（2）横截面分析

首先，当公司所在行业的进入威胁程度高时，公司保护其客户身份信息可能更为重要。因此，本文认为采用“IDD 原则”对不披露客户信息的影响在行业进入威胁的程度高的公司更为显著。本文使用行业准入率衡量行业进入威胁程度，将行业准入率与“IDD 原则”进行交乘，回归结果显示，就行业进入威胁程度高的公司而言，采用“IDD 原则”对保护客户信息具有更显著的影响。此外，外部融资依赖较大的行业需要有充分的信息披露，以减少信息不对称，从而降低企业的资本成本。因此，外部融资依赖较大的行业的披露客户身份信息的专有成本较低。本文将外部融资依赖性变量与 IDD 变量进行交互项，回归结果显示，对于外部融资依赖较大的行业而言，采用“IDD 原则”对客户信息保护的影响较小。

其次，考虑到市场竞争对专有化成本的影响，本文用系列产品市场竞争的变量与 IDD 变量进行交乘。企业的异常收益越高，行业壁垒较强，市场竞争越弱，用异常收益与 IDD 变量交乘，回归结果显示，采用“IDD 原则”对不披露客户身份的影响有削弱作用。此外，根据“美国对私有公司与上市公司的调查”数据，发现市场集中度 HHI 越高的公司，市场竞争越不激烈，较少可能隐藏对客户信息的披露，采用“IDD 原则”对不披露客户身份的影响有削弱作用。

（3）进一步分析与稳健性检验

首先，在前文的检验中，使用公司总部所在州的“IDD 原则”对公司信息披露的影响，并未考虑员工在地理位置上的分散产生的偏误，即员工可能分布在不同的州，而不同的州采用“IDD 原则”的时间不同。因此，在进一步分析中考虑了在不同州的子公司、分支机构的员工数量。一方面，使用加权的 IDD，即使用公司在不同州的员工数量乘以所在州的 IDD，加总除以公司员工总数，代入模型中回归；另一方面，本文只选用大部分员工在同一个州的样本，删除员工在地理上较分散的样本进行回归。回归所得出的结论与主回归基本一致。

其次，“IDD 原则”的采用是基于司法判决来确定，而司法判决可能受之前的案件的影响，之前的研究可能未考虑州层面的经济与法律状况，可能存在遗漏变量的问题。鉴于相邻的两周经济与法律状况相似，本文将采用“IDD 原则”与未采用“IDD 原则”的相邻两个州进行匹配，回归结果发现“IDD 原则”对不披露客户信息的显著性依旧存在。

再次，在前文的公司层面回归中，不同州的观察数量存在很大差异，可能会出现大多数公司集中在少数几个州的情况，因此，对州层面数据进行回归。本文首先将公司层面的被解释变量求对数，代入模型回归，计算出残差，再求整个州的公司的残差求平均数，作为州层面的因变量。在控制州和年份固定效应后，结果依旧稳健，都具有统计意义和经济意义。

最后，本文还做了系列表外的稳健性检验，包括：安慰剂检验、将样本期间拉长、单独选择小规模企业、控制财务杠杆［鉴于 Klasa et al.（2017）的研究］，所得结论依旧稳健。

7.3　公司信息披露、机构投资者和股价波动性[①]

7.3.1　研究动机

前人已经分别研究了公司信息披露、机构投资者和股价波动性三者之间的

① 本节内容据相关文献摘编，原文参见：Bushee J. B.，C. F，Noe，2000，“Corporate Disclosure Practices，Institutional Investors，and Stock Return Volatility”，The Journal of Accounting Research，（38）：171 – 202.

关系：Lang 和 Lundholm（1993）发现分析师对公司信息披露状况的评估与公司的股价波动性弱正相关，他们把股价波动性作为衡量公司信息不对称的代理变量，并推断公司通过增加信息披露来减少和市场之间的信息不对称。Healy，Hutton，和 Palepu（1999）发现分析师评估出的关于公司信息披露状况的改善会吸引更多机构投资者的投资，并且他们认为这是公司信息披露增加为公司带来的益处。然而，Sias（1996）和 Potter（1992）的研究都表明机构投资持股比例的增加会导致公司更高的股价波动性，因此，可能增加公司诉讼风险。基于此，本文提出疑问，Lang 和 Lundholm（1993）研究中，分析师评估的关于公司的信息披露状况和公司股价波动性之间的正向关系，是否由机构投资者这个中介造成？本文以机构投资者不同的持股动机为分类标准，将机构投资者分为三大类以检验信息披露和股价波动性之间可能的间接关系。

7.3.2 理论框架

本文参照 Bushee（1998）对机构投资者的分类方法，按照机构投资者的交易行为和持股特征并采用因子聚类分析法将机构投资者类型划分为：短期型机构投资者、指数型机构投资者、长期型机构投资者三大类。其中，短期机构投资者以其激进的投资策略和追逐短期利益为基本特征，通常持股投资组合分散、投资资产组合更替速度高，并且由于其持股数量相对较少且持股时间短，所以通常并没有获取公司私有信息渠道，多是依靠公司公开信息披露，基于此，本文提出假设 1：信息披露的增加会显著提高短期机构投资者持股比例，并且因此造成公司股价波动性提高；指数化型机构投资者是以银行或保险公司为代表的一类以信用托管为动机的机构投资者，以分散的投资组合、持股时间长、资产组合更替速度较慢为特征，他们通常要求稳定的资产收益率，并采取稳健的投资策略，基于其追求稳定、持股时间长、持有个股数量较为分散因而难以获取公司私有信息的持股特征，本文提出假设 2：信息披露的增加会显著提高指数化型机构投资者持股比例，并且因此可以稳定公司股价，降低股价波动性；长期型机构投资者通常以集中资金持有所投资公司股票、持有股票数量较大、持股时间长、较低的投资组合周转率为特征，属于“关系型”机构投资者。基于其较大、稳定的投资者地位，长期型机构投资者通常有较好的私有信息获取渠道并且倾向于参与公司治理，对公司外部公开信息披露需求较低，因此，本文提出假设 3：信息披露的增加与长期机构投资者持股比例无关，并且长期机构投资者的加入可以起到稳定公司股价作用，降低股价波动性。

7.3.3　本文贡献

第一，本文第一次采用中介效应将机构投资者这个中介加入公司信息披露和股价波动性关系的相关研究中，首次厘清了三者之间的关系。

第二，本文的研究丰富了关于机构投资者和股价波动性的相关文献。

7.3.4　研究设计

（1）样本

本文关于信息披露的数据来自美国投资和管理协会披露的 AIMR 排名数据库，关于机构投资者的数据来自 Spectrum 数据库，股价波动性的指标来自 CRSP 数据库，其他相关所有控制变量数据来自 CRSP 和 Compustat 数据库。剔除数据缺失公司，并将所有数据进行上下 1% 极端值的缩尾处理，最终得到 1982—1996 年间 4314 个“公司—年度”上市公司数据作为本文的研究样本。

（2）变量

①因变量

INST：机构投资者持股比例；

ΔINST：机构投资者年度间的持股比例变化；

STDRET：个股日股票回报收益的标准差取对数处理；

ΔSTDRET：个股日股票回报收益的标准差取对数处理的年度间变化量。

②自变量

DISC：衡量公司综合信息披露状况的 AIMR 排名（因所处行业明细不同，经过重新计百分制标准化处理）；

ΔDISC：哑变量，衡量公司披露排名是否变化，排名变化取 1，否则取 0；

TRA：短期型机构投资者持股比例；

DED：长期型机构投资者持股比例；

QIX：指数型机构投资者持股比例。

（3）模型

$$\begin{aligned} INST_t = {} & \alpha + \beta_1 DISC_t + \beta_2 MRET_t + \beta_3 TVOL_t + \beta_4 MV_t + \beta_5 BETA_t \\ & + \beta_6 IRISK_t + \beta_7 LEV_t + \beta_8 EP_t + \beta_9 BP_t + \beta_{10} DP_t + \beta_{11} SGR_t \\ & + \beta_{12} RATE_t + \beta_{13} S\&P500_t + \varepsilon_t \end{aligned} \tag{1}$$

$$\begin{aligned} \Delta INST_t = {} & \alpha + \beta_1 DISC_t^{+} + \beta_2 \Delta DISC_t^{-} + \beta_3 QDISC_{t-1} + \beta_4 QINST_{t-1} \\ & + \beta_5 \Delta MRET_t + \beta_6 TVOL_{t-1} + \beta_7 \Delta MV_t + \beta_8 BETA_{t-1} \\ & + \beta_9 IRISK_{t-1} + \beta_{10} \Delta LEV_t + \beta_{11} \Delta EP_t + \beta_{12} \Delta BP_t \\ & + \beta_{13} \Delta DP_t + \beta_{14} \Delta SGR_t + \beta_{15} \Delta RATE_t + \beta_{16} \Delta SHRS_t + \varepsilon_t \end{aligned} \tag{2}$$

$$\begin{aligned} STDRET_{t+1} = {} & \alpha + \beta_1 DISC_t + \beta_2 TRA_t + \beta_3 DED_t \\ & + \beta_4 QIX_t + \beta_5 MRET_t + \beta_6 TVOL_t + \beta_7 MV_t + \beta_8 LEV_t + \beta_9 EP_t \\ & + \beta_{10} BP_t + \beta_{11} DP_t + \beta_{12} SGR_t + \beta_{13} RATE_t + \beta_{14} S\&P500_t + \varepsilon_t \end{aligned} \tag{3}$$

$$\begin{aligned} \Delta STDRET_{t+1} = {} & \alpha + \beta_1 \Delta DISC_t^{+} + \beta_2 \Delta DISC_t^{-} + \beta_3 \Delta TRA_t + \beta_4 \Delta DED_t \\ & + \beta_5 \Delta QIX_t + \beta_6 \Delta MRET_t + \beta_7 \Delta TVOL_t + \beta_8 \Delta MV_t + \beta_9 \Delta LEV_t \\ & + \beta_{10} \Delta EP_t + \beta_{11} \Delta BP_t + \beta_{12} \Delta DP_t + \beta_{13} \Delta SGR_t + \beta_{14} \Delta RATE_t \\ & + \beta_{15} \Delta SHRS_t + \varepsilon_t \end{aligned} \tag{4}$$

7.3.5 实证分析

（1）本文利用模型（1）检验了公司信息披露对三类不同类型机构投资者的影响。结果发现公司的信息披露评分与短期机构投资者、指数型机构投资者的持股比例显著正相关，与长期机构投资者持股比例关系不显著。说明短期机构投资者和指数型机构投资者会被公司公开信息披露吸引进而投资，而长期型机构投资者不会被公司公开的信息披露吸引，其更多从战略角度出发，投资于经营前景较好的公司，而不多关注公司短期的信息披露，验证了本文的假设1—3的前半部分。

（2）为了验证模型（1）—（3）前半部分的稳健性，本文进一步检验信息披露排名的变化是否会导致机构投资者持股比例的变化。回归结果发现公司信息披露排名的增加与短期机构投资者持股比例的增加正相关，公司信息披露排名的减少会显著减少指数型机构者的持股比例，而长期型机构投资者的比例变化与公司信息披露排名无关，验证可得假设1—3前半部分的结果稳健。

（3）为了验证机构投资者的中介效应，本文进行了模型（3）的检验。分别检验了公司信息披露对股价波动性的影响、不同机构投资者持股比例对公司股价波动的影响以及同时加入不同机构投资者持股比例和信息披露排名时两者对公司股价波动性的影响。结果发现：第一，公司信息披露排名与公司股价波动性的直接影响显著负相关，说明公司的信息披露能够减少和市场之间的信息不对称，减少股价波动；第二，短期机构投资者持股比例与公司股价波动性显著正相关、指数化型机构投资者和长期型机构投资者与公司股价波动程度显著负相关，说明短期机构投资者持股会加剧公司股价波动，而指数化型、长期型机构投资者的加入会对公司股价起到稳定作用，验证了假设 1—3 的后半部分；第三，为了检验机构投资者的中介效应，本文加入了信息披露指标和机构投资者指标进行回归检验，结果发现，信息披露指标和机构投资者指标结果依然显著，且与前文结果一致，说明机构投资者的中介效应是不完全中介，中介效应得以验证。

（4）本文利用模型（4）检验了模型（3）中各变量的改变量变化，以验证模型（3）结果的稳健性，并进一步检验信息披露排名改变量通过不同类型机构投资者持股比例的变化对公司股价波动性变化的间接影响程度。回归结果发现公司信息披露排名的增加和公司股价波动性改变量呈正相关但关系不显著，短期机构投资者持股比例的变化与公司股价波动性的变化显著正相关，长期机构投资者持股比例变化与公司股价波动性变化显著负相关，指数化型机构投资者持股比例的变化和公司股价波动性变化关系不显著。说明短期型机构投资者的持股会加剧公司的股价波动程度且对公司股价波动程度的影响迅速，指数化型机构投资者虽然能够起到稳定公司股价的作用，但是其持股变化量对稳定公司股价波动的速度较慢，不及短期机构投资者持股数量变化对公司股价波动程度变化的速度，又因为长期机构投资者持股稳定，可以看出短期机构投资者持股数量变化对公司股价波动变化的反应优于指数型机构投资者是造成公司股价波动的一个重要原因，并且验证了模型（3）结果的稳健性。

（5）本文还针对股价波动性指标进行了其他的稳健性检验。第一，将原代理变量分别替换为系统性风险和个别风险指标，结果发现只有个别风险的结果显著；第二，将原代理变量区间更换为发布盈余公告前后五日，结果发现回归结果只在程度层面的检验显著，但在改变量层面的检验不显著；第三，将原代理变量区间更换为交易日股价波动程度超过 1% 或者超过 5% 天数的比例分别进行检验，结果发现股价波动程度超过 1% 的组回归结果依然全部显著，但是 5% 的组检验只有短期型机构投资者依然显著，再次说明公司大的股价波动是由短期机构投资者持股比例的变更造成的。

7.4 披露财务报告内部控制的重大缺陷对投资效率的影响①

7.4.1 理论框架

早期文献表明公司财务报告的质量与实际投资效率有一定的联系，然而并没有为这种联系建立一种因果关系，本文以萨班斯法案为契机，研究了内部控制缺陷披露前后对投资效率的影响。

文章结构层次分为两条线，披露内部控制重大缺陷之前和披露之后。

披露内部控制重大缺陷之前，存在内部控制缺陷表明公司财务报告信息不透明，导致低质量的财务报告，低质量的财务报告又会导致非效率投资（过度投资和投资不足）。ICW 会加剧信息不对称问题，会因为逆向选择和道德风险影响投资效率。

披露内部控制重大缺陷之后，一定程度上消除了信息不对称，提高了财务报告质量，透明的财务报告通过监督来降低道德风险和逆向选择，减少融资摩擦，降低外部融资成本，增加投资有效性。

基于上述理论框架，本文给出两种假设。

假设 H1a：披露内部控制重大缺陷之前，受融资约束的 ICW 公司更可能会投资不足；

假设 H1b：披露内部控制重大缺陷之前，不受融资约束的 ICW 公司更可能会过度投资。

---

① 本节内容据相关文献摘编，原文参见：Cheng，M，and D，Dhaliwal，et al.，2013 “Does investment efficiency improve after the disclosure of material weaknesses in internal control over financial reporting?” Journal of Accounting and Economics，56 (1)：1－18。

假设 H2a：披露内部控制重大缺陷之后，受融资约束的 ICW 公司投资不足的现象会缓解；

假设 H2b：披露内部控制重大缺陷之后，不受融资约束的 ICW 公司过度投资的现象会缓解。

7.4.2　相关文献

（1）内部控制重大缺陷与投资效率

①MM（1958）在完美市场中，企业的最优资本存量与财务因素无关，资本的筹资成本或者预期获利程度仅仅导致投资的周期性波动。

②Stein（2003）在现实世界中，由于各种摩擦因素的存在，使得市场不可能如此完美的运行，内部管理者与外部投资者信息不对称会导致逆向选择和道德风险，公司始终面临投资不足或过度投资的风险，从而影响公司投资效率。

③Doyle（2007）等，Biddle 等（2009）信息不对称的程度越高，管理层越能够控制发行股票的时间，从而过度投资。

④Ashbaugh – Skaife 等（2009），Dhaliwal 等（2011）认为内部控制有缺陷的公司会比内部控制较好的公司资本成本更高。

⑤Williamson（1974）、Jensen（1986）在道德风险下，管理层会出于个人利益最大化而过度投资。

⑥Stiglitz 和 Weiss（1981）道德风险会导致融资约束的 ICW 公司更可能会投资不足。

（2）披露内部控制重大缺陷与投资效率

①Nicolaisen（2004）披露内部控制重大缺陷之后公司会改善财务报告相关的内部控制体系，这样就会提高其财务信息质量。

②Altamuro 和 Beatty（2010）对内部控制进行披露减少了盈余管理，增加了盈余的可持续性和现金流的可预测性。

③Lambert 等（2007）在预测到管理层会做出改变的情况下，投资者可能会降低他们所要求的资本成本。

④Myers 和 Majluf（1984）更低的资本成本，会导致更好的融资途径，从而减少投资不足。

7.4.3 研究设计

（1）样本选择

本文采用两种样本分析方法，总样本模型分析分析和匹配样本分析。

T 年代表在 2004—2007 年第一次披露内部控制评估的公司，研究 T-1、T+1、T+2 年的变化。

ICW Firms 总样本选择：2004—2007 年第一次披露内部控制重大缺陷的公司；剔除变量数据缺失的公司；T-1、T+1、T+2 年分别有 545、439、388 家。

Control Firms 总样本选择：2004—2007 年第一次披露的没有内部控制重大缺陷的公司；剔除变量数据缺失的公司；T-1、T+1、T+2 年分别有 4999、4050、3145 家。ICW Firms 和 Control Firms 匹配样本选择。分别对 Pooled sample 和 Propensity-score matched sample 再次进行筛选，使处理组和控制组数量一致，得到 Pooled sample of survivors 和 matched sample of survivors。

（2）变量设计

①总样本模型分析

$$\begin{aligned}\text{Investment}_t = {} & a_0 + a_1 \times \text{Weak} + a_2 \times \text{Weak} \times \text{OverFirm}_{t-1} + a_3 \times \text{OverFirm}_{t-1} \\ & + \sum b_i \times \text{WeakDetermin ant}_{i,t-1} + \sum c_i \times \text{INVDetermin ant}_{i,t-1} \\ & + \sum d_{1i}\text{GOV}_{i,t-1} + \sum d_{2i}\text{GOV}_{i,t-1} \times \text{OverFirm}_{t-1} + e_t \qquad (1)\end{aligned}$$

被解释变量：Investment

解释变量：Weak 哑变量，披露的有内控重大缺陷的公司取值 1，无内控重大缺陷的公司取值 0；OverFirm 衡量现金和财务杠杆的十分位数排序，取值 0—1。不受融资约束是取值 1，受融资约束取值 0。

当 overfirm 取 0 时，a1 × weak + a2 × weak × overfirm 的系数为 a1，代表投资不足的公司。

当 overfirm 取 1 时，a1 × weak + a2 × weak × overfirm 的系数为 a1 + a2，代表过度投资的公司。

控制变量：WeakDermin（Determinants of reporting ICW）；

INVDetermin（Determinants of investments）；

GOV（Monitoring or governance variables）。

②倾向得分匹配样本模型分析

$$Weak_t = a_0 + a_1 \times OverFirm_{t-1} + \sum b_i \times WeakDetermin\ ant_{i,t-1} + \sum c_i \times INVDetermin\ ant_{i,t-1} + \sum d_{1i} GOV_{i,t-1} + e_t \quad (2)$$

以三大类型控制变量为基准将控制组和处理组进行样本倾向得分匹配，目的是消除样本偏差。

$$Investment_t = a_0 + a_1 \times Weak + a_2 \times Weak \times OverFirm_{t-1} + a_3 \times OverFirm_{t-1} + e_t \quad (3)$$

7.4.4　实证分析

（1）总样本检验

回归分析：首先对 T－1 年的投资效率进行检验，Weak 系数负显著，表明 ICW 公司比 Control 公司更可能会投资不足，实证结果支持假设 H1a；Weak + Weak × Overfirm 系数正显著，表明 ICW 公司比 Control 公司更可能会过度投资，实证结果支持假设 H1b。

其次对 T＋1、T＋2 年的投资效率的变化进行检验，实证结果显示 T＋2 年系数 a1 与 a1＋a2 都不显著，表明披露内控重大缺陷两年后，过度投资和投资不足都会减少，支持假设 H2a 和 H2b。

（2）倾向得分匹配样本检验

描述性统计：将匹配后的样本根据 overfirm 的取值排序分为五组，Group1 代表 overfirm 趋近与 0 时的投资水平，在 T－1 年，ICW 公司相较于 Control 公司的平均投资水平要低，更容易投资不足。Group5 代表 overfirm 趋近于 1 时的投资水平，T－1 年，ICW 公司相较于 Control 公司的平均投资水平要高，更容易过度投资。ICW Firms 与 Control firms 之间的差别显著，实证结果支持假设 H1a 和 H1b。

在 T＋2 年，matched sample of survivors 更具有代表性，Group1 和 Group5 中，ICW Firms 与 Control firms 之间的差别不再显著，实证结果支持假设 H2a 和 H2b。

此外，Group1 和 Group 5 中 diff－in－diff 也显著为正，进一步支持了假设 H1 和假设 H2。

回归分析同总样本检验。

第 8 章 风险管理文献导读

8.1 风险管理在并购浪潮中的作用①

8.1.1 理论框架

本文的研究目的就是要揭示风险管理在引起并购浪潮（宏观层面）以及并购行为（行业层面和公司层面）所发挥的作用。

传统的研究并购浪潮的动因包括外部经济冲击如宏观经济环境的变化以及政府管制的放松或加强等，和行为影响因素如管理者过度自信等，较少从风险角度进行研究。风险管理主要从两个方面对并购产生影响，其一是并购，尤其是纵向并购能够作为经营性对冲的一种机制，降低企业经营性风险；其二是并购，尤其是纵向并购能够有效缓解在存在资产专用性的上下游公司中，由于契约不完全所带来的“敲竹杠”问题。对于这个问题，本书从三个层面进行研究，一方面从宏观层面研究了纵向并购和现金流不确定性对并购浪潮的影响，看看在控制经济冲击因素和行为因素后，对风险的考量是否是引起并购浪潮的重要因素；另一方面从行业层面研究了现金流不确定性对纵向并购的影响，看看风险因素是否会引起行业层面的纵向并购行为；最后从公司层面研究了现金流不确定性对纵向并购的影响，并加入了资产专用性这个调节变量，看看这两者关系在不同的资产专用性公司中的变化，并且考察了在发生纵向并购行为后，公司现金流不确定性的变化情况，看看纵向并购是否真的能够作为经营对冲的一

① 本节内容据相关文献摘编，原文参见：Jon A. Garfinkel & Kristine Watson Hankins，2011，“The role of risk management in mergers and merger waves”，Journal of Financial Economics. pp：515 –532.

种有效机制。

综上所述，一方面，风险管理是引起并购浪潮的重要因素；另一方面，无论是从行业层面还是从公司层面，风险管理均会对是否发生纵向并购行为以及纵向并购程度产生正向影响，且在资产专用性更高的公司，该影响更强烈，纵向并购后的公司风险有效得到缓解。

8.1.2 相关文献

（1）并购动机——经济冲击

Mitchell 和 Mulherin（1996）、Harford（2005）、Ovtchinnikov（2010）等的研究发现，公司外部经济冲击，如宏观环境变化以及管制的放松等均会对并购产生影响。

（2）并购动机——行为因素

Shleifer 和 Vishny（2003），Rhodes - Kropf、Robinson 和 Viswanathan（2005），Cai 和 Vijh（2007），Goel 和 Thakor（2010）等的研究表明，包括管理层过度自信等在内的行为因素是引致并购行为的重要影响因素。

（3）并购动机——风险因素

按研究结论划分为两种：其一是 Amihud 和 Lev（1981），Hirshleifer（1988），Froot、Scharfstein 和 Stein（1993），Penas 和 Unal（2004）等认为并购能够作为经营性对冲的机制，降低企业风险；其二是 Williamson（1971）、Carlton（1979）等认为并购能够有效缓解资产专用性带来的上下游企业之间的“敲竹杠”问题。

8.1.3 研究设计

（1）样本选择

研究样本来源于 1981—2006 年美国汤普森 SDC 财务数据库。

作者进行了以下筛选：

①选取并购总额在 5000 万美元以上的样本；

②仅包括标的为美国公司的并购数据，且要求并购前主并公司持有标的公司的股份数不得超过 50%，在并购后，持股数为 100%；

③仅选择那些成功的或是未披露结果的并购；

④在两个月内对同一家标的公司的多次并购被视为一次并购。

（2）变量设计

针对并购浪潮的衡量指标，对于1981—2000年，作者直接采用Harford（2005）的区分，并借鉴其方法，将数据拓展至2006年，作者选取了2001—2006年并购集中度最高的24个月作为并购浪潮。

作者采用纵向相关系数来度量纵向并购，取主并公司和标的公司的行业投入系数两个中最高的那个，当纵向相关系数>1%时取1，否则为0。

对于现金流的不确定性，作者从现金流入和现金流出两个方面进行了度量，现金流入采用折旧前经营收益/总资产的标准差来度量，现金流出则采用销售成本/总资产的标准差度量，为更进一步刻画短期内的不确定性，作者还分别采用了三个指标来度量，一是“滚动式增加”指标，当某一季度的前四个季度中至少有三个季度的现金流不确定性呈现增加趋势，则取值为1，否则为0；二是“5%增加”指标，当某一季度的现金流不确定性相比上一年度相同季度的不确定性有5%的增长，则取值为1，否则为0；三是“10%增加”指标，当某一季度的现金流不确定性相比上一年度相同季度的不确定性有10%的增长，则取值为1，否则为0。

8.1.4 实证分析

（1）纵向并购对并购浪潮的影响（宏观层面）

以并购浪潮哑变量作为被解释变量，以纵向并购比例（VI/MA）作为解释变量，分别加入了经济冲击变量和行为因素变量，结果发现，纵向并购比例越高，当年越可能发生并购浪潮。

（2）现金流不确定性对并购浪潮的影响（宏观层面）

以并购浪潮哑变量作为被解释变量，分别以折旧前经营收益/总资产的标准差（OIBD/TA）和销售成本/总资产（COGS/TA）作为解释变量，分别加入经济冲击变量和行为因素变量，结果发现，当年的现金流入和现金流出波动幅度越大，则下一年度更可能发生并购浪潮。

（3）现金流不确定性对纵向并购的影响（行业层面）

以纵向并购比例（VI/MA）作为被解释变量，分别以折旧前经营收益/总资产的标准差（OIBD/TA）和销售成本/总资产（COGS/TA）作为解释变量，分别加入经济冲击变量和行为因素变量，样本选取为行业样本，结果发现，当年的现金流入和现金流出波动幅度越大，则下一年度纵向并购比例更高。

（4）现金流不确定性对纵向并购的影响（公司层面）

以纵向并购比例（VI/MA）作为被解释变量，分别以折旧前经营收益/总资产的标准差（OIBD/TA）和销售成本/总资产（COGS/TA）作为解释变量，分别加入经济冲击变量和行为因素变量，样本选取为公司层面样本，结果发现，当年的现金流入和现金流出波动幅度越大，则下一年度纵向并购比例更高。

（5）资产专用性、现金流不确定性与纵向并购（公司层面）

研究中加入了资产专用性这个调节变量，观察在不同资产专用性程度的上下游公司中，现金流不确定性对纵向并购的影响，结果发现，在资产专用性程度更高的上下游公司中，现金流不确定性越高，更可能发生纵向并购，纵向并购的程度也越深。

（6）纵向并购对现金流不确定性的影响（公司层面）

研究考察了发生纵向并购后公司现金流不确定性的变化。作者从绝对值的变化和波动幅度的变化两个方面来考察，绝对值的变化考察了现金流出的变化和现金持有水平的变化，结果发现，在（-1，1）和（-1，3）两个区间内，发生了纵向并购的公司其现金流出的减少幅度和现金持有水平的减少幅度均更低。波动幅度的变化考察了折旧前经营收益/总资产的标准差（OIBD/TA）和销售成本/总资产（COGS/TA）的标准差的变化，结果发现，在（-1，5）和（-1，7）两个区间内，发生了纵向并购的公司其现金流出和现金流入的波动幅度均更低。

8.2　企业风险管理项目质量：决定因素、价值相关性和金融危机[①]

8.2.1　理论框架

企业风险管理（ERM）是公司战略的一个组成部分，由公司董事会、管理

① 本节内容据相关文献摘编，原文参见：Baxter R，Bedard J C，Hoitash R，et al.，2013，“Enterprise risk management program quality：Determinants，value relevance，and the financial crisis”，Contemporary Accounting Research，30（4）：1264－1295.

者和其他人员参与，贯串整个企业的公司治理机制，其主要目的是对企业内可能产生的各种风险进行识别、衡量、分析、评价，并适时采取及时有效的方法进行防范和控制，用最经济合理的方法来综合处理风险，以实现最大安全保障。

本文主要研究了 ERM 的影响因素和经济后果，具体而言，本文研究了两个问题：其一，什么因素会影响企业 ERM 的质量？其二，高质量的 ERM 能否带来较高的业绩表现？如果高质量的 ERM 可以提高企业风险管理的能力，降低不确定性，那么市场能否识别高质量 ERM 的价值？

（1）ERM 质量的影响因素

根据前人对 ERM 的研究，本文从三个方面研究 ERM 质量的影响因素：经营活动的复杂性、财务风险和公司治理。其一，ERM 是企业管理风险的手段之一，前人研究表明，公司经营活动越复杂，企业越有可能选择 ERM 进行风险管理。因而，我们预期，企业经营活动越复杂，会越重视风险管理，其 ERM 质量也更高。其二，财务风险对 ERM 质量的影响可正可负。一方面，若公司财务风险高，企业更需要提高 ERM 质量管理风险；另一方面，当公司陷入财务困境时，可能没有足够的资源进行 ERM 管理。其三，公司治理对 ERM 质量应具有正面促进作用。ERM 是公司战略部署的一部分，当公司治理环境较好，管理层比较重视时，ERM 质量应更高。结果发现，公司经营越复杂、财务风险越低、公司治理越好，企业的 ERM 质量越高。

（2）ERM 质量的经济后果。

高质量的 ERM 能否带来正的经济后果？作者从企业业绩和市场识别角度进行分析。其一，ERM 作为企业控制风险的治理手段之一，应能提高企业的风险管理能力，降低不确定性，那么，高质量的 ERM 应伴随着较高的业绩。作者从市场价值和会计业绩两方面进行了检验，结果显示，无论是 Market Value 还是 ROA，均与高质量的 ERM 正相关。

其二，较高的市场价值如何实现的？高质量的 ERM 能被投资者识别并进行较高的定价？作者从信息反映角度给出了解释。当 ERM 发布后，高质量的 ERM 将产生较好的市场反应（表现在 CAR 值较高）；并且，高质量的 ERM 盈余反应系数（ERC）更强，即投资者能从高质量的 ERM 中获取更多有效的信息。

（3）金融危机与 ERM 质量

金融危机作为一个自然事件，提供了一个较好的检验 ERM 效果的契机。如果高质量的 ERM 能够降低企业的风险，那么在金融危机前后，风险管理的效果应更强。高质量 ERM 的公司受到的冲击更小，市场价值更高。结果发现，只有在金融危机之后，高质量 ERM 的公司市场价值更高。可能的原因在于，在金融危机后，投资者更注重风险管理，高质量 ERM 更可能被市场认知。

8.2.2　文献与贡献

（1）相关文献

ERM 选择的动机文献。

已有文献研究了企业 ERM 选择、内控有效性 MCS 对 ERM 选择的影响（Elbashir et al.，2011；Kleffer et al.，2003；Beasley et al.，2005；Hoyt and Liebenberg，2011）。

ERM 是否提供（以多大程度）有用信息给金融市场。

前人研究发现 ERM 与托宾 Q 正相关［Hoyt and Liebenberge，2011（existence）；McShane et al.，2011（quality，not control for endogeneity）］。

（2）本文贡献

本文用 S&P 公开披露的信息衡量 ERM 质量（这一信息公开、公正），检验 ERM 质量的影响因素和经济后果。前人检验了 ERM 的影响因素，但没有检验 ERM 质量的影响因素。前人检验了 ERM 质量与市场价值的关系，但并没有进一步检验 ERM 质量如何影响，投资者能否识别 ERM 质量的信息，本文在这两方面作出了贡献。

8.2.3　研究设计

（1）模型与变量界定

ERMQ quality：来自 S&P 公司的评级，分为 weak、adequate、strong、excellent 四个。由于大部分公司为 adequate 又进一步分为 weak、weak - adequate、adequate、strong - adequate、strong、excellent 六个，为了检验假说，我们建立以下模型：

$$
\begin{aligned}
ERMQ = {} & \alpha + \beta_1 MARKETCAP_{t-1} + \beta_2 SEGMENTS_{t-1} \\
& + \beta_3 GLOBAL_{t-1} + \beta_4 FOREIGN_{t-1} + \beta_5 STD - RET_{t-1} \\
& + \beta_6 STD - OP - CASH_{t-1} + \beta_7 LOSS - PROPORTION_{t-1}
\end{aligned}
$$

$$+\beta_8 CREDIT-RATING_{t-1}+\beta_9 OP-CASH_{t-1}+\beta_{10} LEVERAGE_{t-1}$$
$$+\beta_{11} Z-SCORE_{t-1}+\beta_{12} RISK-STRUCTURE_{t-1}$$
$$+\beta_{13} AC-RISK-OVERSIGHT_{t-1}+\beta_{14} PAFE_{t-1}+\beta_{15} PSFE_{t-1}$$
$$+\beta_{16} ACSIZE_{t-1}+\beta_{17} BOARDIND_{t-1}+\beta_{18} BOARD-TENURE_{t-1}$$
$$+\beta_{19} CEO-DUALITY_{t-1}+\beta_{20} AUDIT-RELATED-RISK_{t-1}$$
$$+\beta_{21} FIRM-AGE_{t-1}+\beta_{22} NYSE_{t-1}+\beta_{23-24} YEAR\_DUMMIES$$
$$+\beta_{25-28} INDUSTRY\_DUMMIES+e \quad (1)$$

$$ROA=\alpha+\beta_1 ERMQ+\beta_2 BOARDSIZE+\beta_3 BOARDIND+\beta_4 LOGASSETS$$
$$+\beta_5 INST-OWN+\beta_6 SEGMENTS+\beta_7 LEVERAGE$$
$$+\beta_8 SALES-GROWTH+\beta_9 CAPITAL-OVER-SALES$$
$$+\beta_{10} CREDIT-RATING+\beta_{11} STDROA+\beta_{12-13} YEAR\_DUMMIES$$
$$+\beta_{14-17} INDUSTRY\_DUMMIES+e \quad (2)$$

$$Q=\alpha+\beta_1 ERMQ+\beta_2 BOARDSIZE+\beta_3 BOARDIND+\beta_4 LOGASSETS+\beta_5 ROA$$
$$+\beta_6 INST-OWN+\beta_7 SEGMENTS+\beta_8 LEVERAGE+\beta_9 SALES-GROWTH$$
$$+\beta_{10} CAPITAL-OVER-SALES+\beta_{11} CREDIT-RATING$$
$$+\beta_{12-13} YEAR\_DUMMIES+\beta_{14-17} INDUSTRY\_DUMMIES+e \quad (3)$$

（2）样本选择

研究采用了2006—2008年金融和保险行业作为研究样本。

8.2.4 实证分析

（1）高ERM质量的影响因素

同时放入经营活动的复杂性、财务风险、公司治理同时加入模型以检验这三个方面对企业ERM的影响（分别做了线性回归、Ordered logistic回归和Heckman两阶段回归）。

（2）高ERM质量对业绩的影响

分别检验ERM质量对市场价值（托宾Q）和会计业绩（ROA）的影响（分别作了OLS回归和2SLS回归）。

（3）ERM质量的发布或修改的市场反应

分别检验ERM质量信息发布或修改的市场反应（前后5天窗口期、信息发布前3天窗口期、信息发布后3天窗口期）。

（4）ERM 的盈余反应系数

按 ERM 质量高低设 dum 变量与 earnings surprise 做交叉，检验高质量的 ERM 发布后盈余反应系数是否高于低质量的 ERM。

（5）检验金融危机前、中、后，ERM 质量与 market return 的关系，结果发现，只有在金融危机后，ERM 质量与 market return 正相关（market return 分别用样本均值调整和行业调整）。

8.3 员工持股和公司风险①

8.3.1 研究背景

前人在研究高管的股权以及期权持有量与公司风险之间的关系时，发现存在两种动机。首先，有可能会导致风险降低。这是从经理效用的角度出发考虑的，对于风险规避型的高管来说，其自身效用的大小和财富的波动性之间存在凹向关系，即财富波动性越大经理效用越低。因此，为了追求自身效用的最大化，高管会尽可能去降低自身财富的波动性。其所拥有的股权，期权都与股价密切相关，因此，其会选择风险较低的项目进行经营，以降低股价的波动性，保全其集中于任职公司的个人财富从而实现自身效用最大化，因而在这种情况下会导致公司风险降低。其次，有可能会导致风险增加。这主要是由高管财富中期权这一部分导致的。当高管的权益薪酬中含有的期权较多时，由于期权具有风险大收益大的特性，因此，为了获得高收益高管会选择去投资高风险的项目，增加股价的波动性，从而导致高管的薪酬和股价波动性之间存在显著的凸向关系。当公司的股票价值低于或者等于行权价时，这种凸向关系更明显。但是当持有股票时，其通常更关注股价的高低而不是股价的波动性，因此，不会因为股票的波动而从事高风险的投资项目，除此之外，股票是具有惩罚性的，当投资高风险项目导致股价下跌时，高管也将承受损失，而当其持有期权时，

① 本节内容据相关文献摘编，原文参见：Bova，F.，Kolev，K.，Thomas，J. K. and Zhang，X. F.，2014，“Non－Executive Employee Ownership and Corporate Risk”，The Accounting Review，90（1）：115－145.

最大的损失也就是不行权，因此导致管理者财富和股票波动性之间的这种凸向关系不明显。只有当公司处于财务困境时，高管可能会存在“赌一把”的心理，投资高风险项目，增加股票波动性，使得两者之间的凸向关系较为显著。

因此，当高管持有股票时，只有当公司处于财务危机时，第二种效用才会更明显，第一种效用占主导地位，即公司风险较低；但是对于期权来说，第二种效应更明显，即公司风险较高。

8.3.2 理论框架

对于非高管员工来讲，上述逻辑关系依然成立，即股票波动性的增加只会增加员工薪酬中和其呈现显著凸向关系的那部分薪酬的价值。对于股票来说，这种凸向关系只有当公司处于财务困境时才较为显著，因此，非高管员工持股和公司风险之间存在负向关系。并且，通常情况下我们认为相对于高管，员工更加倾向于风险规避。其将自身的人力资本都投入到所任职的公司，这部分人力资本能否获得回报即薪酬的高低和公司的业绩密切相关，因此，其有动机去降低公司风险；并且，相对于高管，不是专业的投资者也无法接触到一些专业的财务顾问为其投资进行指导，使这部分人力资本缺乏多样化和分散化，即员工必须同时承担系统风险和非系统风险，使其更有动机去降低公司风险。这就得出了本文的第一个假设。

假设 H1：公司风险随着员工股票持有量的增加而降低。

同时，我们认为，董事会在制定最佳薪酬政策时会考虑如何将风险最小化而将收益最大化。为了达到这个目的，其会考虑给予高管较多的期权让他们去选择一些高风险的项目来获得高回报，同时给予员工一些股票让他们通过认真执行高管的决策来降低经营风险。这两种激励所带来的相反的动机也就意味着当高管的期权持有量较多导致公司风险增加时，持有股票的那部分员工会采取相应的行为去降低公司风险。这就得出了本文的第二个假设。

假设 H2：随着高管期权持有量的增加，员工股票持有量和公司风险之间的负向关系更加显著。

8.3.3 文献与贡献

对于高管股票持有量与公司风险之间的关系，Smith、Stulz（1985）和 Stulz

（1984）、Tufano（1996）以及 May（1995）研究发现两者之间存在负相关关系；对于高管期权持有量与公司风险之间的关系，研究结论并不统一，Smith、Stulz（1985）和 Stulz（1984）研究发现两者之间存在正相关关系，Hayes、Lemmon 和 Qiu（2012）则认为两者之间的关系并不显著；接下来，又有学者将股票以及期权结合起来研究管理者财富与股价波动性之间的敏感度，Coles 等（2006）、Low（2009）以及 Armstrong 和 Vashishtha（2012）研究发现 vega 与公司风险之间存在正相关关系。

本文的主要贡献有两个，首先，本文是第一个研究员工股票持有量与公司风险之间的关系的文章。其次，本书研究发现员工的行为确实是可以改变公司的风险的。

8.3.4　研究设计

（1）样本首先选取了 1999 年到 2009 年 9677 家公司的 60235 个观测值，然后将这部分数据与高管股票持有量的数据进行合并，样本量降低至 5371 家公司的 18471 个观测值，最后进一步与高管期权持有量的数据进行合并，样本量降至 8702 个观测值。本文的数据主要来自 Form 5500 filings，Thomson Reuters Insider Filing，ExecuComp，Compustat Annual 和 CRSP。

（2）变量

①被解释变量

SD_DROA：按季节划分的资产季度回报率的标准差

SD_RET：股票日收益率的标准差

R&D：按销售额比例计算的年度研发费用

CAPEX：年度资本支出（CAPX）除以财产、厂房和设备净值

②解释变量

EMPEST：员工持股比例

8.3.5　实证分析

（1）基本回归分析

首先，作者运用如下模型对假设 H1 进行了回归分析，回归结果证明解释变

量 EMPSTK 前的系数显著为负，即随着员工持股量的增加，公司的风险有所下降。

$$RISK_{t+1} = \beta_0 + \beta EMPSTK + \beta_2 EXESTK + \beta_3 EXEOPT + \beta_4 Ln(MV) + \beta_5 BM + \beta_6 CF + \beta_7 NOL + \beta_8 RET + Industry\ Fixed\ Effects + Year\ Fixed\ Effects + e \quad (1)$$

其次，作者运用下面的模型对假设二进行了回归分析，回归结果证明交乘项的系数显著为负，即员工持股量和公司风险之间的负向关系随着高管期权持有量的增加而更加显著。

$$RISK_{t+1} = \beta_0 + \beta_1 EMPSTK + \beta_2 EXESTK + \beta_3 EXEOPT + \beta_4 EMPSTK \times EXESTK + \beta_5 EMPSTK \times EXEOPT + \beta_6 Ln(MV) + \beta_7 BM + \beta_8 CF + \beta_9 NOL + \beta_{10} RET + Industry\ Fied\ Effects + Year\ Fixed\ Effects + e \quad (2)$$

随后，作者又将高管的期权持有量分为高中低三组，进行回归后发现，随着期权持有量的增加，交乘项的系数大小以及显著性都有所增加，即进一步验证了假设 H2。

(2) 进一步检验

第一，为了验证模型中的主要解释变量 EMPSTK 不受模型中因素的影响，作者运用了工具变量来解决这一问题。选取的主要工具变量有三个：有效税率，公司股价与当地竞争者股价之间的联动性以及竟业禁止的实施程度。回归之后发现，员工持股量与公司风险之间的关系依然显著为负。

第二，为了解决与遗漏变量以及反向因果关系有关的内生性问题，作者在主回归方程中加入了滞后变量来进行回归分析。同样，我们发现 EMPSTK 前的系数显著为负，这是因为滞后变量中包含了一些我们之前没有考虑到的但是也会影响风险的一些回归量，所以抑制了 EMPSTK 的作用。

第三，假设 H2 中提到，当高管持有的期权较多时，会增加两者之间的负向关系。同时我们知道独立董事数目的多少也会对高管的期权持有量造成影响，当独立董事数目较少时，会导致对高管的监督较弱，在这种情况下，高管会持有较多的期权因而增加其投资高风险项目的动机从而增加公司风险，因此，我们进一步检验了主回归方程中 EMPSTK 前的系数是不是随着独立董事数目的变化而变化。研究发现，随着独立董事数目的降低，员工持股量与公司风险之间的关系更为显著，即与假设 H2 相符。

接下来，作者又进一步研究了两者的关系是不是随着员工成熟度的增加而增加，我们认为谷歌的工程师和美国家得里（美国家居连锁店）的销售员工相比，更能影响公司风险。作者选用工资来代表员工的成熟度，工资越高则员工的成熟度越高。与员工持股量交乘之后发现，其系数显著为负，即意味着随着员工成熟度的增加，两者之间的负向关系更加显著。

第四，作者意识到在样本中大约2/3的公司其员工持股量都为零，因此，为了验证本书的回归结果没有过分的受到这部分样本的影响，又对员工持股量大于零的这部分子样本进行了回归分析，研究发现，假设H1依然是成立的。

第五，为了验证员工确实有动机去改变公司风险，作者选用房价变化这个外生事件去研究员工有没有采取行动改变公司风险。当房价降低时，员工个人财富中房屋价值的下降导致个人财富中权益薪酬这一部分价值的增加，因此，其会更加关注公司风险；同样，当房价上升时，员工个人财富中房屋价值的增加使得权益薪酬这一部分显得没有那么重要，员工就会降低对公司风险的关注度，因而导致公司风险增加，对假设H1没有提供强有力的支持。

接下来作者又研究了随着房屋价格水平的不同两者之间的关系是否有所改变，因此，作者加入了房地产繁荣时期这个虚拟变量。结果显示，在房地产繁荣时期，房屋价格指数的变化对公司风险的影响基本为0；而在其他时期则显著为正，即证明了假设H1。

8.4　银行CEO拜金主义：风险控制、文化和尾部风险①

8.4.1　理论框架

金融危机下全球银行被巨额罚款可能是危机之前银行放松管制、风险管理失败以及公司文化缺陷等原因导致。但是银行放松管制如何影响银行行为和尾部风险的？一些银行为什么会选择弱化风险管理？是什么因素导致银行之间的

① 本节内容据相关文献摘编，原文参见：Bushman，R. M.，Davidson，R. H.，Dey，A. and Smith，A.，2018，“Bank CEO Materialism：Risk Controls，Culture and Tail Risk”，Journal of Accounting and Economics，65（1）：191－220.

公司文化差异？为了解释这些问题，本文认为银行 CEO 的异质性会对公司决策产生显著影响（Hambrick and Mason，1984）。本文关注银行 CEO 一个比较特别的性格特征——拜金主义（使用 CEO 是否拥有奢侈品进行衡量）。心理学文献认为拜金主义是一种个人倾向于拥有奢侈品，并且充满拜金需求和欲望的生活方式。Richins 和 Rudmin（1994）认为拜金主义是最能表达个体与经济物品真实关系的特征，它与个体从获取和占有物品中得到的满足感以及个体追求经济目标的方式紧密相关。

CEO 拜金主义会给银行带来影响，这是因为：首先，银行必须在企业价值最大化和为公众利益服务之间进行权衡。相关研究表明拜金主义的人不太关注对他人产生消极影响的行为。比如，Kilbourne 和 Pickett（2008）发现拜金主义的人更少关心环境；Davidson 等（2017）研究发现拜金主义的 CEO 以牺牲环境和企业社会责任为代价来追求利润。这些都表明拜金主义的 CEO 会在追求利润过程中不太关注对其他银行和整个经济造成的负外部性影响。其次，金融危机暴露了许多不端行为，有证据表明拜金主义 CEO 更可能为了获得财产而违反道德准则（Cohn et al.，2014；Muncy and Eastman，1998）。最后，有缺陷的公司文化是产生金融危机的重要因素（Dudley，2014；Financial Stability Board，2014；Group of Thirty，2015）。如果拜金主义的 CEO 会影响银行的组织价值和行为规范，那么员工很有可能从事投机活动（Cohn et al.，2014；Davidson et al.，2015）。Davidson 等（2015）研究发现在拜金主义 CEO 领导的公司中，非 CEO 高管从事欺诈以及发生财务错报的概率会更高。这些结果表明拜金主义 CEO 监管的环境相对宽松，这些宽松的环境会使员工关注短期利益并从事内幕交易。

8.4.2 文献与贡献

（1）相关文献

CEO 特征。Hambrick 和 Mason's（1984）研究发现管理层的经历、价值观以及认知方式会影响公司决策，比如管理层的过度自信（e.g.，Roll，1986；Malmendier and Tate，2005，2008；Schrand and Zechman，2012）、自恋（e.g.，Ham et al.，2017；Aktas et al.，2016）、从军经历（Benmelech and Frydman，2015）、违法记录（Davidson et al.，2015）等。而本文研究的是银行放松管制期间，拜

金主义 CEO 的流行以及拜金主义 CEO 对风险管理模式、企业文化以及银行尾部风险的影响。

拜金主义特征。拜金主义是一种崇拜世俗财产，追求拜金需求和欲望的生活方式（Richins and Rudmin，1994）。但是衡量拜金主义难度较大。大量关于拜金主义方面的实证研究都是使用调查问卷和实验的方法来获取数据（Kasser，2016；Richins and Dawson，1992）。本文则参考高管在非工作期间的行为对公司行为影响的文献（e. g.，Cronqvist et al.，2012；Liu and Yermack，2012），使用 CEO 所拥有的奢侈品来衡量 CEO 的拜金主义。

CEO 拜金主义的影响。以往的研究都是 CEO 拜金主义对于非金融公司的影响，而本文则是 CEO 拜金主义对于银行这类金融机构的影响。研究发现拜金主义价值观的人更容易背叛同伴（Sheldon et al.，2000）、不关心环境（Deckop et al.，2015）、社会责任感更低（Davidson et al.，2017）。这些都表明拜金主义 CEO 在追求利润过程中会牺牲环境和其他社会价值。拜金主义也与企业文化相关。拜金主义的个体更容易为了财产违背道德准则（Muncy and Eastman，1998）。有着拜金主义价值观的员工更容易撒谎（Cohn et al.，2014）。Davidson et al.（2015）研究发现在拜金主义 CEO 领导的公司，非 CEO 高管更容易从事内幕交易，这是因为拜金主义 CEO 对内控环境的监管很宽松。但是这篇文章研究的对象是非金融机构，本文则研究的是银行 CEO 拜金主义对银行文化和风险管理的影响。

（2）本文贡献

第一，本文研究发现在银行放松管制期间，使用拜金主义 CEO 的银行数量会显著增加，这表明金融领域的放松管制对于银行部门的 CEO 人力资源分配具有重要影响。本文的研究有助于监管部门重视银行监管对银行部门 CEO 人力资本分配的影响。

第二，本文通过研究发现 CEO 拜金主义会影响风险管理政策，企业文化和银行尾部风险。鲜有文献研究领导的个人特点对银行政策和业绩的影响。

第三，本文的研究有助于丰富银行风险方面的文献。本文研究发现 CEO 由非拜金主义变更为拜金主义 CEO 过程中，银行的风险管理指数（RMI）会下降，这表明一个银行风险管理模式存在的持续时间可能至少是一个银行 CEO 存在持续的时间。

8.4.3 研究设计

（1）数据来源

本文使用 CEO 个人是否拥有奢侈品来衡量 CEO 的拜金主义。这些奢侈品主要包括每台超过 75000 美元的车辆、长度超过 25 英尺的船只和价格超过 CBSA 中记录的 CEO 所在公司总部房产平均价格两倍以上的房地产等，这些数据主要来自国家、州和县等有许可证的私人数据库。本文还通过税务稽查网站手工搜集补充房地产数据。银行所持有公司（以下简称 BHCs）的财务数据来自 FR Y－9C报告，这些报告来自联邦储备系统。BHCs 的风险管理指数（以下简称 RMI）主要通过参考 Ellul 和 Yeramilli（2013）计算得出。股价数据来自 CRSP 数据库。银行公司特征和 CEO 薪酬数据来自 Bank Regulatory、Compustat 和 ExecuComp 数据库。

（2）变量

被解释变量：

$RMI_{i,t}$：银行所拥有的公司（以下简称 BHC）i 在 t 年的风险管理指数

$ABNORMALRETURNS_{i,t}$：t 月的市场调整收益

$TAIL\ RISK_{i,t}$：单个银行在一年内 5% 的最差回报期的平均回报率

$MES_{i,t}$：银行业在一年内 5% 的最差回报期的平均回报率

$TAIL\ REWARD_{i,t}$：单个银行在一年内 5% 的最好回报期的平均回报率

$MESUR_{i,t}$：银行业在一年内 5% 的最好回报期的平均回报率

解释变量：

$MATERIAL_{i,t-1}$：当 BHC 的 CEO 为拜金主义类型时，该变量为 1，否则为 0

$NEW\ CEO\ MATERIAL_{i}$：当新任的 CEO 为拜金主义类型时，该变量为 1，否则为 0

$SUCCESSOR_{i,t}$：新任的 CEO 上任后，RMI 已被计量，该变量为 1，否则为 0

$CHANGE\ CEO\ TYPE_{i}$：CEO 类型变更时该变量为 1，否则为 0

$INSIDER\ TRADING_{i,t-1}$：内部人购买净额除以内部人购买和销售总量之和

PRE－CRISIS：在 2006 年 7 月至 2007 年 6 月之前的期间为 1，否则为 0

CRISIS：在 2007 年 7 月至 2009 年 6 月之间时，该变量为 1，否则为 0

BAILOUT：在 2008 年 10 月到 2009 年 6 月之间时，该变量为 1，否则为 0

（3）模型

$$RMI_{i,t} = \beta_0 + \beta_1 MATERIAL_{i,t-1} + \beta_2 CONTROLS_{i,t-1} + YearFE + \varepsilon_{i,t} \quad (1)$$

$$\begin{aligned} RMI_{i,t} = {} & \beta_0 + \beta_1\ NEW\ CEO\ MATERIAL_i + \beta_2\ SUCCESSOR_{i,t} \\ & + \beta_3 CHANGE\ CEO\ TYPE_i + \beta_4\ NEW\ CEO\ MAT\ ERIAL_i \times SUCCESSOR_{i,t} \\ & + \beta_5 NEW\ CEO\ MATERIAL_i \times CHANGE\ CEO\ TYPE_i \\ & + \beta_6\ SUCCESSOR_{i,t} \times CHANGE\ CEO\ TYPE_i \\ & + \beta_7 NEW\ CEO\ MATERIAL_i \times SUCCESSOR_{i,t} \times CHANGE\ CEO\ TYPE_i \\ & + \beta_8 CONTROLS + YEARFE + \varepsilon_{i,t} \end{aligned} \quad (2)$$

$$\begin{aligned} ABNORMAL\ RETURNS_{i,t} = {} & \beta_0 + \beta_1 INSIDERTRADING_{i,t-1} + \beta_2 PRE-CRISIS \\ & + \beta_3 CRISIS + \beta_4 BAILOUT \\ & + \beta_5 INSIDERTRADING_{i,t-1} \times PRE-CRISIS \\ & + \beta_6 INSIDERTRADING_{i,t-1} \times CRISIS \\ & + \beta_7 INSIDERTRADING_{i,t-1} \times BAILOUT \\ & + \beta_8 CONTROLS + \varepsilon_{i,t} \end{aligned} \quad (3)$$

$$TAILRISK_{i,t} = \beta_0 + \beta_1 MATERIAL_i + \beta_2 CONTROLS + YearFE + \varepsilon_{i,t} \quad (4)$$

$$MES_{i,t} = \beta_0 + \beta_1 MATERIAL_i + \beta_2 CONTROLS + YearFE + \varepsilon_{i,t} \quad (5)$$

8.4.4　实证分析

（1）银行放松监管与雇佣拜金主义 CEO 之间的关系

20 世纪 90 年代美国开始大幅度放松金融管制。本文发现，1994—2004 年，由拜金主义 CEO 管理的银行数量迅速增加。1994 年拜金主义 CEO 领导的银行只有 47%，而 2004 年则高达 67%。这种上升的趋势仅仅表现在 CEO 是拜金主义类型方面的特点，因为我们没有发现 CEO 其他特征比如过度自信、自恋、军队经历以及违法记录有显著变化。因此，选择银行进行对 CEO 拜金主义进行研究是较理想的情境。

（2）CEO 拜金主义与银行风险管理

风险管理模型包含识别、计量、监督以及风险控制以保证冒险行为与银行的战略目标和冒险倾向一致。本书的风险管理指数 RMI 是参考 Ellul 和 Yeramilli（2013）计算得出，RMI 反映组织设计的风险管理模式。Ellul 和 Yeramilli（2013）发现 RMI 随着银行不同而变化。RMI 指数较高的银行在金融危机中尾部风险较低，业绩表现较好。研究发现拜金主义 CEO 所在的银行 RMI 普遍较低。在非拜金主义的 CEO 替换拜金主义的 CEO 之后，RMI 指数显著增长；拜金主义的 CEO 替换非拜金主义的 CEO 之后，RMI 指数显著下降。这表明当拜金主义 CEO 领导银行时，银行的尾部风险会变高。

（3）CEO 拜金主义与银行企业文化

如果 CEO 拜金主义会影响企业文化，本文认为这种影响会体现在非 CEO 银行高管的行为中。因为很难直接观察非 CEO 高管的行为，所以作者使用内部交易（被要求对外披露）作为替代变量。本文研究了当银行 CEO 为拜金主义类型时，非 CEO 高管在内部交易中是否更加乐观和激进。我们发现相比于非拜金主义 CEO 领导的银行，那些拜金主义 CEO 领导的银行中非 CEO 高管在金融危机期间更倾向于使用内部交易。

（4）CEO 拜金主义与银行尾部风险

如果拜金主义 CEO 会弱化银行风险管理、影响企业文化（通过影响其他非 CEO 从事更多内部交易活动），那么本文认为在拜金主义 CEO 领导的银行，会出现更多冒险现象。本文发现，相比于非拜金主义 CEO 领导的银行，拜金主义 CEO 领导的银行有显著的下行尾部风险，同时作者还发现虽然拜金主义 CEO 与下行的尾部风险显著相关，同时也与上行的尾部收益相关。这表明拜金主义 CEO 领导的银行虽然风险会变大，收益也会变大。

（5）内生性问题

本文的一个内生性问题在于对与拜金主义 CEO 相关的管理风格有需求的银行，会选择拜金主义 CEO，因此，对拜金主义 CEO 和非拜金主义 CEO 政策的不同会影响本文的结论。但是本文没有发现在 CEO 变更之前（包括 CEO 拜金主义类型的变化）RMI 有任何变化，这表明 RMI 的变化发生在 CEO 类型变更之后。这说明之前考虑的内生性问题影响并不严重。同时本文还进一步检验了拜金主义 CEO 的经济影响并不是因为拜金主义的 CEO 本身就很富裕，不太厌恶风险造成的，也不是因为对拜金主义 CEO 和非拜金主义 CEO 的不同的激励性薪酬引起的。

第 9 章　风险信息披露的信息含量文献导读

9.1　公司文件中强制性风险因素披露的信息内容①

9.1.1　理论框架

（1）风险披露与披露前公司风险

经理人出于自利动机会更偏好好消息的披露，减少坏消息的披露。因为坏消息会使股东、债权人及外部利益相关者认为经理人能力不足，从而增加公司经营和经理人职业前景的不确定性，因而自利动机下，经理人的披露往往是模糊、照本宣科式的。但经理人同时面对法律的管制，所以至少要披露部分有意义的与公司特定风险相关的信息。如果重要风险变成现实而经理又没有事前披露，他们就会被起诉，面临高昂的诉讼成本，承担法律责任。但如果不能充足的反映公司间风险的差异，或者披露的差别与风险暴露的差别不同，那么风险披露与披露前公司风险无关。另一方面，如果披露是关于公司特定的，即风险披露的内容能有效反映公司风险，应当观察到披露内容与披露前公司风险的正相关。为便于检验，提出假设 H1。

假设 H1：风险披露的长度和内容与披露前公司风险相关联。

（2）风险披露与投资者风险感知（披露后公司风险）

理论研究表明增加的披露以 3 种方式降低了权益融资成本：①更高的披露

① 本节内容据相关文献摘编，原文参见：John L，Campbell，2014，"The Information Content of Mandatory Risk Factor Disclosures in Corporate Filings"，Review of Accounting Studies：396－455.

降低了现在和潜在股东之间的信息不对称，因而披露提高了证券流动性；②投资者在估计证券报酬率时的估计偏差会降低，而估计偏出与公司资本成本正相关；③更准确的披露降低了公司现金流量与市场现金流量的协方差，所以降低了权益融资成本，但并未取得一致的实证结果。Kothari 等（2009a）将其归结为忽略了信息类型的影响。好消息应该带来预期未来现金流量风险的下降，坏消息应该带来更高的未来英语波动性，坏消息会降低投资者预测未来现金流的不确定性。本文研究的新增的风险披露部分完完全全是坏消息，代表着公司未来业绩的不确定性。代表投资者考虑了新增信息后，事前对公司未来现金流的预期风险水平，所以如果披露具有信息含量且投资者将其考虑在风险评估中，披露后的 β（系统性风险）和股票回报波动（非系统性风险）会增加，基于此，本文提出假设 H2。

假设 H2：新增披露与披露后公司风险正相关。

（3）风险披露与信息不对称

基于假设 H1、假设 H2，如果新增的披露是可靠的且具有信息含量，并不是照本宣科无意义的内容，那么同一家公司的不同股东之间的信息不对称会降低。基于此，本文提出假设 H3。

假设 H3：新增披露与披露后信息不对称负相关。

（4）风险披露与异常收益（投资者反应的及时性）

前三个假设是选取风险公布前后 250 天来检验，由于风险披露后可能存在分析师现金流量预测的改变，公司发布了新的信息等因素影响着投资者行为和市场波动，因而有必要检验投资者对风险披露反应的及时性。基于假设 H2，新增披露提高了投资者的风险认知，因而公司风险增加，那么风险披露公布后，股票市场的异常收益应当为负。因此，本文提出假设 H4。

假设 H4：新增披露与披露后异常收益负相关。

9.1.2 文献与贡献

Kothari，S，P.、Li，X 和 Short，J.（2009a）考虑了不同披露语气可能对对资本成本，股票波动性，分析师预测的影响不同，即好消息应该带来预期未来现金流量风险的下降，坏消息应该带来更高的未来英语波动性，坏消息会降低投资者预测未来现金流的不确定性。但他运用的信息来源于 MD&A，分析师，商业读物等多种渠道，因而并未区分出当信息只来源于公司本身时上述变量间的关系。Kravet 和 Muslu（2013）运用文本分析法研究了 SEC2005 前后覆盖 10 - K 表格的全部风险句子，并发现风险句子数量的改变与投资者对公司特定风险的评估相关，但他们并未单独检验新增部分的信息含量及风险披露对市场状况和其他风险的影响。

9.1.3 研究设计

（1）样本选择

文章采用了 2005—2008 年 SEC Form 10 - K submissions 中的全部 Compustat 公司，并依此剔除了：①行业代码缺失；②控制变量缺失；③文本分析法中指标缺失；④股价小于 2 的数据。最后，对所有变量截尾 1% 处理。

（2）变量

RF_DISC：衡量风险披露

ALL_WORDS：出现在公司风险信息披露段的总字数的自然对数

（3）模型

本文建立如下模型，用于检验本文 4 个基本假说。

$$\begin{aligned}RF\_DISC_{i,t} = {} & \beta_0 + \beta_1 SIZE_{i,t} + \beta_2 BTM_{i,t} + \beta_3 RET_{i,t} + \beta_4 LEV_{i,t} \\ & + \beta_5 STDERET_{i,t} + \beta_6 BETA_{i,t} + \beta_7 SKEW_{i,t} + \beta_8 TURN_{i,t} \\ & + \beta_9 BIGN_{i,t} + \beta_{10} ETR_{i,t} + \beta_{11} DNI_{i,t} + \beta_{12} NUMEST_{i,t} \\ & + \beta_{13} INSTOWN_{i,t} + \text{year effects} + \text{industry effects} + \varepsilon_{i,t} \qquad (1)\end{aligned}$$

$$\begin{aligned}BETA_{i,t+1} \text{ or } STDERET_{i,t+1} = {} & \beta_0 + \beta_1 RF\_DISC_{i,t} + \beta_2 MDA\_DISC_{i,t} \\ & + \beta_3 ALL\_DISC_{i,t} + \beta_4 SIZE_{i,t} + \beta_5 BTM_{i,t} \\ & + \beta_6 RET_{i,t} + \beta_7 LEV_{i,t} + \beta_8 STDERET_{i,t} \\ & + \beta_9 BETA_{i,t} + \beta_{10} SKEW_{i,t} + \beta_{11} TURN_{i,t} \\ & + \beta_{12} BIGN_{i,t} + \beta_{13} ETR_{i,t} + \beta_{14} DNI_{i,t} \\ & + \beta_{15} NUMEST_{i,t} + \beta_{16} INSTOWN_{i,t} \\ & + \beta_{17} RF\_FOG_{i,t} + \beta_{18} MDA\_FOG_{i,t} \\ & + \beta_{19} ALL\_FOG_{i,t} + \text{year effects} \\ & + \text{industry effects} + \varepsilon_{i,t} \qquad (2)\end{aligned}$$

$$SPREAD_{i,t+1} = \beta_0 + \beta_1 RF\_DISC_{i,t} + \beta_2 MDA\_DISC_{i,t} + \beta_3 ALL\_DISI_{i,t}$$

$$
\begin{aligned}
&+\beta_4 SPREAD_{i,t}+\beta_5 SIZE_{i,t}+\beta_6 BTM_{i,t}+\beta_7 RET_{i,t}+\beta_8 LEV_{i,t} \\
&+\beta_9 STDERET_{i,t}+\beta_{10} STDERET_{i,t+1}+\beta_{11} BETA_{i,t} \\
&+\beta_{12} BETA_{i,t+1}+\beta_{13} SKEW_{i,t}+\beta_{14} TURN_{i,t}+\beta_{15} BIGN_{i,t} \\
&+\beta_{16} ETR_{i,t}+\beta_{17} DNI_{i,t}+\beta_{18} NUMEST_{i,t}+\beta_{19} INSTOWN_{i,t} \\
&+\beta_{20} RF\_FOG_{i,t}+\beta_{21} MDA\_FOG_{i,t}+\beta_{22} ALL\_FOG_{i,t} \\
&+\beta_{23} INV\_PRC_{i,t}+\text{year effects}+\text{industry effects}+\varepsilon_{i,t} \qquad (3)
\end{aligned}
$$

$$
\begin{aligned}
CAR_{i,t}=&\beta_0+\beta_1 RF\_DISC_{i,t}+\beta_2 MDA\_DISC_{i,t}+\beta_3 ALL\_DISC_{i,t}+\beta_4 \Delta NI_{i,t} \\
&+\beta_5 AVG\_ACC_{i,t}+\beta_6 LOSSES_{i,t}+\beta_7 \Delta EST_{i,t}+\beta_8 BTM_{i,t}+\beta_9 SIZE_{i,t} \\
&+\beta_{10} NUMEST_{i,t}+\beta_{11} INSTOWN_{i,t}+\beta_{12} RF\_FOG_{i,t} \\
&+\beta_{13} MDA\_FOG_{i,t}+\beta_{14} ALL\_FOG_{i,t}+\text{year effects}+\text{industry effects} \\
&+\varepsilon_{i,t} \qquad (4)
\end{aligned}
$$

9.1.4 实证分析

本文依次代入风险披露的替代变量进行多元回归，为进一步分析假设 H1 中经理人是否有效披露公司面临的风险类型，将风险分为：财务、税收、诉讼、系统性及非系统性风险，考察与对应指标相关度；此外，为控制 MD&A 定性风险披露及 10 - K 表中 section 7 定量风险披露的影响，本文在所有回归中均控制了两者。实证结果全部支持原假设。

9.2 特定风险因素披露的益处①

9.2.1 研究动机

2005 年，美国证监会要求公司在年报和季报中披露风险相关信息，即描述企业面临的风险或不确定性的重要影响因素。而此前，这类要求只在上市前招

① 本节内容据相关文献摘编，原文参见：Hope O.，D，Hu and H，Lu，2016，“The Benefits of Specific Risk - factor Disclosures”，Review of Accounting studies，21 (4)：1005 - 1045.

股说明书中进行规定。然而，实务界的人批判企业披露的信息是模板式的，没有企业特质信息。2009 年，证监会重新强调企业披露时应避免模板式的风险信息披露，披露更多企业所特有的风险信息。为此，本文想检验证监会对企业风险因素披露特异性的要求是否能给报表使用者带来益处，主要是投资者和分析师能否从中受益。

9.2.2　理论框架

本文立足于企业风险信息披露行为，检验更加具体的风险因素披露所带来的经济后果。首先，本文构造了一种新的方法来衡量企业风险因素披露的具体程度——特异性（Specificity），即用风险因素披露段中包含的具体实体名称（如人名、组织名称、地名、次数、日期、百分比数值、美元数）的数量除以整个段落的总字数。本文认为特异性程度越高，披露的风险信息越具体，所含信息量越大。如“我们在中国的业务主要依赖于供应商微软公司”比“我们在一个地区的业务主要依赖于一个供应商”披露信息的特异性更强，“中国”和“微软”两个实体名称能给报表使用者提供更加具体的信息，更容易被理解、接受。“特异性”指标一定程度上是对企业风险信息披露质量的量化，与前人文献中常用的“可读性”指标相类似。由于本文首创该指标，进行了效度检验。

本文也探究了“特异性”的影响因素。前人的文献总结出管理层不愿意披露企业特定风险信息的原因有三：管理层出于自身事业的考量；对企业专有成本的考量；风险本身难以感知和度量。本文主要考虑了专有成本对“特异性”的影响，披露的信息特异性程度越高，越容易透露企业的专有信息，削弱企业竞争力，因此管理层不愿意提供特有的风险信息披露。其次，本文还考虑了企业和年报本身披露的特征对“特异性”的影响。

之后，本文重点探究了企业风险因素披露特异性的经济后果，主要从两方面来考量：第一是市场反应。本文假定市场拥有一定程度的有效性。当信息“特异性”越强时，拥有越高的准确性，所披露内容的信息含量也会越高，从而引起投资者更多的关注，对投资者的决策产生更大的影响，最后导致更强烈的市场反应。由此得出本文的第一个假设。

假设 H1：股票市场对年报的反应与风险因素披露的特异性程度显著相关。

第二是分析师风险评估的可靠性。前人文献认为分析师在一定程度可以评估企业的基本面风险。从 2007 年开始，摩根士丹利公司要求卖方分析师采用“风险—回报框架”通过情景分析的方式来衡量企业的基本价值，即分别展示在牛市和熊市的情况下企业的基本价值。Joos 等（2016）研究得出的牛市和熊市的价值差异，与未来 12 个月意外股票收益的绝对值呈显著正相关，表明分析师对股价的预测与未来股价的变动方向一致，分析师对企业基本面的风险评估是可信的。本文在此研究的基础上认为，更加具体的风险披露能给分析师带来更多的信息量用于评估企业的基本风险，因此，特异性能够提高分析师对企业基本面风险评估的信度。由此得出本文第二个假设。

假设 H2：分析师基本风险评估的信度与风险因素披露特异性程度显著相关。

9.2.3 相关文献与研究贡献

（1）相关文献

①文本分析文献

Li（2006）通过计算整个年报中“risk”（“risks”和“risky”）和“uncertain”（“uncertainty”和“uncertainties”）的个数来衡量企业的风险信息披露程度；Kravet and Muslu（2013）用包含有事先定义的不确定性词汇的句子数来衡量企业风险披露数量；Campbell（2014）用于风险相关的词汇的个数来衡量企业风险因素披露的情况。

②风险信息披露经济后果的文献

Campbell（2014）发现风险相关语句个数与企业未来的股票回报波动性呈正相关；Kravet 和 Muslu（2013）发现不确定词语个数的变化值与未来股票回报波动性、3 天窗口期的异常交易量正相关。

③分析师对企业风险的估计相关文献

Liu 等（2007）认为企业特征如特质性分析、规模、负债水平等与买方分析师的风险评级正相关，即分析师有能力对企业风险进行估计；Joos 等（2016）研究摩根士丹利分析师的情景分析法得出的牛市和熊市差异，与未来 12 个月意外股票收益的绝对值呈显著正相关，表明分析师对股价的预测与未来股价的变动方向一致。

（2）本文贡献

①丰富了文本分析的文献。本文引入了一种新的量化企业风险信息披露质

量的指标——Specificity。前人研究主要是通过“可读性”这一指标来衡量企业风险信息披露的质量。本文引入的“特异性”从另一方面捕捉定性披露的质量，可以适用于文本分析的各个领域。

②丰富了现存的风险信息披露的文献。前人研究主要是通过计算年报中与风险相关的词汇、句子数来衡量企业风险披露的程度，该方法只能衡量定性风险披露中所含风险信息的数量，无法衡量风险信息的质量，而本文的特异性研究更关注风险披露的质量。

③本文首次证明了企业风险信息披露会对分析师对企业基本面的风险评估产生影响。现存文献主要是研究分析师在预测收益和推荐股票等方面的行为，较少研究分析师对企业基本面风险评估的行为。

9.2.4　研究设计

（1）样本

本文从 SEC EDGAR 数据库中下载了美国 2006—2011 年的年度财务报表，采用斯坦福 NER 工具提取风险披露段中的实体名称，剔除控制变量缺失值，最终获得 22482 个观测值用于假设 H1 的检验。从 Investest 数据库中收集 2007—2011 年分析师报告，手工提取报告中情景分析部分。考虑到手工收集的成本，本文仅考虑“特异性”样本中的前五分位和后五分位的情景分析数据，最终得到 627 个观测值用于假设 H2 的检验。

（2）变量

Specificity1A：10 - K Item1A 中所包含具体实体名称个数除以 Item1A 总次数。

$|CAR_{-1,1}^{10-K}|$：窗口期为三天的累积异常收益的绝对值。

$ABVOL_{-1,1}^{10-K}$：窗口期为三天的平均交易量减去窗口期为（-60，-11）的平均交易量再除以窗口期为（-60，-11）的平均交易量。

$|Unanticipatedreturn|$：$\frac{Price_{it+365}-Price_{it}}{Price_{it}}-\frac{Base_{it}-Price_{it}}{Price_{it}}$，其中 $Base_{it}$是摩根士丹利发布的分析师情景分析报告。

（3）模型

$$|CAR_{-1,1}^{10,k}|_{it}=\alpha_0+\alpha_1 Specificity\ 1A_{it}+\alpha_2 Specificity\ 10K_{it}+\alpha_3 Amount_{it}$$

$$
\begin{aligned}
&+\alpha_4 RiskWords_{it}+\alpha_5 Fog_{it}+\alpha_6 TotalLength_{it}+\alpha_7 PrprietaryCost_{it}\\
&+\alpha_8 \Delta Earnings_{it}+\alpha_9 Accrual_{it}+\alpha_{10} Size_{it}+\alpha_{11} BtN_{it}\\
&+\alpha_{12} PastLoss_{it}+\alpha_{13} Leverage_{it}+\alpha_{14} ReturnVolatility_{it}\\
&+\alpha_{15} Litigation_{it}+\alpha_{16} Segment_{it}+\alpha_{17} Num8K_{it}\\
&+\alpha_{18} ForecastError_{it}+\alpha_{19} ForecastMissing_{it}+\alpha_{20} FileDate_{it}\\
&+\alpha_{21} NumItems_{it}+\alpha_{22}\left|CAR^{EA}_{-1,1}\right|_{it}+error_{it} \qquad (1)
\end{aligned}
$$

$$
\begin{aligned}
\left|Unanticipatedretur\right|_{it}=\ &\alpha_0+\alpha_1 Spread_{it}+\alpha_2 Spread_{it}\times HighSpecificity_{it}\\
&+\alpha_3 HighSpecificity_{it}+\alpha_4 Leverage_{it}+\alpha_5 BtM_{it}\\
&+\alpha_6 Size_{it}+\alpha_7 EarningsVolatility_{it}+\alpha_8 NegEarnings_{it}\\
&+\alpha_9 ReturnVolatility_{it}+\alpha_{10} Specificity\ 10K_{it}\\
&+\alpha_{11} Amount_{it}+\alpha_{12} RiskWords_{it}+\alpha_{13} Fog_{it}\\
&+\alpha_{14} TotalLength_{it}+\alpha_{15}\Delta Earnings_{it}+\alpha_{16} Accrual_{it}\\
&+\alpha_{17} PastLoss_{it}+\alpha_{18} Litigation_{it}+\alpha_{19} Segment_{it}+error_{it}
\end{aligned}
\qquad (2)
$$

9.2.5 实证分析

（1）首先检验风险披露“特异性”的影响因素，采用 OLS 回归发现“特异性”程度与专有成本呈显著负相关，表明当企业面临更高的专有成本时，管理层更不愿意披露特有的信息，这与前人的结论相似。同时“特异性”也受到年报风险词汇的个数、年报长度、企业风险等代理变量的显著正向影响，与总收益、企业规模显著负相关。

（2）检验“特异性”与股票市场反应的关系。通过用累积异常收益和异常交易量作为市场反应的代理变量，实证得出“特异性”与市场反应显著正相关，即企业披露的风险信息特异性越强，能引起更强烈的市场反应，表明投资者能更好地吸收此类信息并用于投资决策，假设 H1 得证。所以 SEC 要求企业提供更具体的风险信息是有利于投资者。

为了排除无法观察到的企业或年报的特征对股票市场的影响，本文采用 2001—2004 年度数据进行伪分析，结果发现“特异性”与累积异常收益和异常交易量关系不显著，表明“特异性”并不是与市场反应相关的未知因素的代理变量，进一步验证了假设 H1 的稳健性。

为了进一步检验专有成本的截面影响，本文根据专有成本的高低分为两组，结果显示“特异性”与市场反应的正向关系显著仅在低专有成本组，表明有自愿披露动机的企业提供的风险披露更有信息含量。

（3）检验“特异性”与分析师风险评估信度的关系。本文首先重复了 Joos 等（2016）的检验，发现采用手工提取的样本得出的结论与前人相似，即情景分析熊市和牛市的差值与未来 12 个月意外收益绝对值显著正相关，表明分析师能可靠估计企业基本风险。在此模型基础加入 HighSpecificity 与熊市和牛市差值的交乘项，以及其他相关控制变量，结果交乘项显著为正，表明“特异性”程度较高的情况下，分析师对企业未来价格走势的不确定性会降低，即分析师能准确评估企业基本面风险，假设 H2 得证。

9.3　风险信息披露是否依然具有信息含量？来自金融危机前后风险信息披露市场反应的证据①

9.3.1　研究动机

风险信息披露是向投资者揭示公司重大风险、降低投资者与公司内部人之间信息不对称的重要途径。现有文献研究表明，风险信息披露能够产生显著的股票市场反应，并能够在较大程度上预测公司未来的经营业绩和诉讼风险。但实务界对风险信息披露的有效性存在质疑。毕马威会计师事务所 2011 年发布的研究报告指出，公司年度财务报告中，风险信息是最容易引起诉讼的披露项目，且 83% 的受访公司坦言公司在披露风险信息时会考虑潜在诉讼的不利影响，进而减少重大风险事件的披露，或更多地披露重复信息和非重大风险。因此，实务界普遍认为，现阶段风险信息披露并没有向投资者传递有价值的信息，相反，

① 本节内容据相关文献摘编，原文参见：Beatty A.，L，Cheng，H，W，Zhang，2018，“Are Risk Factor Disclosures Still Relevant? Evidence from Market Reactions to Risk Factor Disclosures Before and After the Financial Crisis”，Contemporary Accounting Research，36（2）：805 – 838.

风险信息披露更多地在考虑如何规避诉讼风险。美国于2013年颁布的“信息披露有效性倡议（Disclosure Effectiveness Initiative）”也证实了实务界对风险信息披露有效性的疑虑。Casey（2009）研究发现，宏观经济环境是影响上市公司信息披露质量的重要因素。因此，本文推断，在不考虑宏观经济环境改变的背景下讨论风险信息披露的信息含量，是学术界与实务界意见分歧的重要原因。基于此，本文研究了如下两方面的问题：（1）金融危机前后，风险信息披露在股票、期权和债券三类市场的反应有何变化；（2）金融危机前后，风险信息披露对公司未来破产风险的预测能力是否不同。

9.3.2 理论框架

现有文献实证研究表明，风险信息披露对股票投资者具有信息含量。但美国证券交易委员会对上市公司风险信息披露有效性的质疑却在不断增加，并长期致力于风险信息披露质量的改善。Casey（2009）研究发现，宏观经济环境会对上市公司信息披露质量具有重要影响。当宏观经济环境较动荡和不稳定时，投资者对信息披露透明度具有更高要求，也即投资者希望上市公司更多、更全面地披露公司信息。毕马威会计师事务所2011年发布的研究报告指出，公司年度财务报告中，风险信息是最容易引发诉讼的披露项目。风险信息披露不充分、误导是最常见的诉讼原因。Fox等（2013）研究发现，金融危机以后，上市公司面临的诉讼风险显著增加。由此可以推断，金融危机爆发以后，投资者和证券监管部门对上市公司信息披露提出了更高要求。为避免诉讼风险，上市公司一方面会增加风险信息披露数量以满足信息披露形式上的合规，但另一方面，为降低风险信息披露对公司潜在的不利影响，上市公司会尽可能减少重大风险信息披露，仅披露大量重复、非重大风险以应对证券监管部门和投资者的信息披露需要。基于上述推断，本文认为，金融危机爆发以后，上市公司风险信息披露的信息含量显著降低了。为验证上述推断，本文提出假设1A—1C。

假设1A：金融危机前后，风险信息披露所引发的股票超额收益未发生显著变化。

假设1B：金融危机前后，风险信息披露所引发的期权超额收益未发生显著变化。

假设1C：金融危机前后，风险信息披露所引发的债券超额收益未发生显著变化。

毕马威会计师事务所 2011 年的研究报告和证券监管部门都观察到，上市公司存在严重的惯性披露行为，即风险信息被上市公司披露以后，很少会在以后年度终止披露。由此，上市公司年度财务报告假设 1A 项目中存在大量重复披露的风险信息，而新增风险信息却逐年呈现下降趋势，从而导致风险信息披露的有效性降低。为验证上述推断，本文将假设 1A 项目中的风险信息划分为三类：新增风险、重复风险和终止风险，以检验究竟哪一部分风险信息披露质量的改变导致风险信息披露整体有效性降低。基于上述推断，本文提出假设 2A—2C。

假设 2A：金融危机前后，新增风险信息披露的信息含量未发生显著变化。

假设 2B：金融危机前后，重复风险信息披露的信息含量未发生显著变化。

假设 2C：金融危机前后，终止风险信息披露的信息含量未发生显著变化。

如果金融危机以后上市公司风险信息披露信息含量确实降低了，那么可以推断，金融危机以后，风险信息披露对公司未来破产风险的预测能力也会显著降低。基于上述推断，本文提出假设 3。

假设 3：金融危机前后，风险信息披露对公司未来破产风险的预测能力未发生显著变化。

9.3.3　文献与贡献

（1）相关文献

本文研究基于风险信息披露有效性的相关文献。Campbell 等（2014）以 2005—2008 年美国上市公司数据实证研究发现，假设 1A 项目中的风险信息披露能够引发显著的股票市场反应；Kravet 和 Muslu（2013）以 1994—2007 年美国上市公司数据实证研究发现，新增风险信息披露能够显著增加股票收益波动性和股票交易量；Hope 等（2016）、Nelson 和 Pritchard（2016）研究发现，风险信息披露中的特有风险更能引发显著的股票市场反应；Gaulin（2017）研究发现公司特有风险披露数量越多，对公司未来经营困境的预测能力越强。上述文献都普遍支持了风险信息披露的信息含量和有效性。

（2）本文贡献

本文厘清了学术界和监管部门关于风险信息披露有效性的争论，并通过实证研究对两者的争论进行了调和。一方面，本文并不否认风险信息披露的信息含量。实证研究也表明风险信息披露确实能够在股票、期权和债券市场上产生显著的市场反应，而且能够在一定程度上预测公司未来破产风险；但另一方面，本文也支持了监管部门关于风险信息披露信息含量降低的论断。实证研究表明，上市公司为避免诉讼风险，在金融危机以后更倾向于增加重复、非重大风险信息披露并减少新增、重大风险信息披露，从而导致金融危机以后风险信息披露的有效性显著降低。本文对风险信息披露有效性的争论给出了更加合理的解释。

9.3.4 研究设计

（1）样本

本文获取了 2005—2014 年 32072 份年度财务报告。样本处理过程如下：①剔除了金融公司样本；②剔除关键变量缺失的样本；③由于本文大量使用一阶差分变量，故将样本期间界定为 2006—2014 年。最终，本文包含了 18172 个公司—年度样本，其中，2006—2008 年样本 6501 个，2009—2014 年样本 11671 个。

（2）变量

①解释变量

KW_1A：公司当年年度财务报告 1A 项目中风险相关关键词（参照 Campbell et al. 2014）数量，除以 1000，衡量了公司风险信息披露总量；

ΔKW_1A：公司当年与上年年度财务报告 1A 项目中风险相关关键词（参照 Campbell et al. 2014）数量之差，除以 1000，衡量了公司增量风险信息披露；

ΔWC_1A：公司当年与上年年度财务报告 1A 项目中总词汇（参照 Campbell et al. 2014）数量之差，除以 1000，同样衡量了公司增量风险信息披露。

②被解释变量

ABS_CAR：公司年度财务报告披露日期前后各 1 天，累积共计 3 天的股票超额累积收益；

ΔIV：公司 30 天标准期权合约平均隐含波动率，减去公司年度财务报告披露日期前后各 2 天累积共计 5 天平均隐含波动率的差；

BOND_RET：公司年度财务报告披露日期前后各 5 天，累积共计 11 天的债券超额累积收益。

(3) 模型

$$
\begin{aligned}
ABS\_CAR_{i,t} = {} & \alpha_0 + \alpha_1 \Delta KW\_1A_{i,t} + \alpha_2 POST_t + \alpha_3 \Delta KW\_1A_{i,t} \times POST_t \\
& + \alpha_4 \Delta KW\_MDA_{i,t} + \alpha_5 \Delta KW\_OTHER_{i,t} + \alpha_6 \Delta SIZE_{i,t} \\
& + \alpha_7 \Delta BTM_{it} + \alpha_8 \Delta NI_{i,t} + \alpha_9 \Delta NUM\_ANA_{i,t} + \alpha_{10} \Delta AVE\_ACC_{i,t} \\
& + \alpha_{11} \Delta LOSSES_{i,t} + \alpha_{12} \Delta EST_{i,t} + \alpha_{13} \Delta INST\_OWN_{it} \\
& + \alpha_{14} \Delta FOG\_1A_{i,t} + \alpha_{15} \Delta FOG\_MDA_{i,t} + \alpha_{16} \Delta FOG\_OTHER_{i,t} \\
& + \varepsilon_{i,t} \qquad (1)
\end{aligned}
$$

$$
\begin{aligned}
\Delta IV_{i,t} = {} & \beta_0 + \beta_1 \Delta KW\_1A_{i,t} + \beta_2 POST_t + \beta_3 \Delta KW\_1A_{i,t} \times POST_t \\
& + \beta_4 \Delta KW\_MDA_{i,t} + \beta_5 \Delta KW\_OTHER_{i,t} + \beta_6 \Delta SIZE_{i,t} + \beta_7 \Delta BTM_{i,t} \\
& + \beta_8 \Delta NI_{i,t} + \beta_9 \Delta NUM\_ANA_{i,t} + \beta_{10} \Delta VIX_{i,t} + \beta_{11} \Delta LEV_{i,t} \\
& + \beta_{12} \Delta FOG\_1A_{i,t} + \beta_{13} \Delta FOG\_MDA_{i,t} + \beta_{14} \Delta FOG\_OTHER_{i,t} + \varepsilon_{i,t} \qquad (2)
\end{aligned}
$$

$$
\begin{aligned}
BOND\_RET_{i,t} = {} & \gamma_0 + \gamma_1 \Delta KW\_1A_{i,t} + \gamma_2 POST_t + \gamma_3 \Delta KW\_1A_{i,t} \times POST_t \\
& + \gamma_4 \Delta KW\_MDA_{i,t} + \gamma_5 \Delta KW\_OTHER_{i,t} + \gamma_6 \Delta SIZE_{i,t} \\
& + \gamma_7 \Delta BTM_{i,t} + \gamma_8 \Delta NI_{i,t} + \gamma_9 \Delta LEV_{i,t} + \gamma_{10} \Delta RET_{i,t} \\
& + \gamma_{11} \Delta STD\_RET_{i,t} + \gamma_{12} \Delta DIV_{i,t} \\
& + \gamma_{13} \Delta FOG\_1A_{i,t} + \gamma_{14} \Delta FOG\_MDA_{i,t} \\
& + \gamma_{15} \Delta FOG\_OTHER_{i,t} + \varepsilon_{i,t} \qquad (3)
\end{aligned}
$$

$$
\begin{aligned}
KW\_1A_{i,t} = {} & \theta_0 + \theta_1 KW\_1A_{i,t-1} + \theta_2 SIZE_{i,t} + \theta_3 BTM_{i,t} + \theta_4 LEV_{i,t} + \theta_5 RET_{i,t} \\
& + \theta_6 STD\_RET_{i,t} + \theta_7 SKEW_{i,t} + \theta_8 BETA_{i,t} + \theta_9 TURN_{i,t} \\
& + \theta_{10} BIGN_{i,t} + \theta_{11} ETR_{i,t} + \theta_{12} NI_{i,t} + \theta_{13} NUM\_EST_{i,t} \\
& + \theta_{14} INST\_OWN_{i,t} + \varepsilon_{i,t} \qquad (4)
\end{aligned}
$$

$$
\begin{aligned}
ABS\_CAR_{i,t} = {} & \alpha_0 + \alpha_1 KW\_1A\_DISC_{i,t} + \alpha_2 KW\_1A\_REP_{i,t} \\
& + \alpha_3 KW\_1A\_NEW_{i,t} + \alpha_4 POST_t \\
& + \alpha_5 KW\_1A\_DISC_{i,t} \times POST_t \\
& + \alpha_6 KW\_1A\_REP_{i,t} \times POST_t \\
& + \alpha_7 KW\_1A\_NEW_{i,t} \times POST_t + \alpha_8 KW\_MDA_{i,t} \\
& + \alpha_9 KW\_OTHER_{i,t} + \beta_{10} SIZE_{i,t} + \beta_{11} ETM_{i,t} + \beta_{12} \Delta NI_{i,t} \\
& + \alpha_{13} NUM\_ANA_{i,t} + \alpha_{14} AVE\_ACC_{i,t} + \alpha_{15} LOSSES_{i,t} \\
& + \alpha_{16} EST_{i,t} + \alpha_{17} INST\_OWN_{i,t} + \alpha_{18} FOG\_1A_{i,t} \\
& + \alpha_{19} FOG\_MDA_{i,t} + \alpha_{20} FOG\_OTHER_{i,t} + \varepsilon_{i,t} \qquad (1a)
\end{aligned}
$$

$$
\Delta IV_{i,t} = \beta_0 + \beta_1 KW\_1A\_DISC_{i,t} + \beta_2 KW\_1A\_REP_{i,t}
$$

$$+\beta_3 KW\_1A\_NEW_{i,t}+\beta_4 POST_t+\beta_5 KW\_1A\_DISC_{i,t}\times POST_t$$
$$+\beta_6 KW\_1A\_REP_{i,t}\times POST_t+\beta_7 KW\_1A\_NEW_{i,t}\times POST_t$$
$$+\beta_8 KW\_MDA_{i,t}+\beta_9 KW\_OTHER_{i,t}+\beta_{10} SIZE_{i,t}+\beta_{11} BTM_{i,t}$$
$$+\beta_{12}\Delta NI_{i,t}+\beta_{13} NUM\_ANA_{i,t}+\beta_{14}\Delta VIX_{i,t}+\beta_{15} LEV_{i,t}$$
$$+\beta_{16} FOG\_1A_{i,t}+\beta_{17} FOG\_MDA_{i,t}+\beta_{18} FOG\_OTHER_{i,t}+\varepsilon_{i,t} \quad (2a)$$

$$BOND\_RET_{i,t}=\gamma_0+\gamma_1 KW\_1A\_DISC_{i,t}+\gamma_2 KW\_1A\_REP_{i,t}+\gamma_3 KW\_1A\_NEW_{i,t}$$
$$+\gamma_4 POST_t+\gamma_5 KW\_1A\_DISC_{i,t}\times POST_t+\gamma_6 KW\_1A\_REP_{i,t}$$
$$\times POST_t+\gamma_7 KW\_1A\_NEW_{i,t}\times POST_{i,t}+\gamma_8 KW\_MDA_{i,t}$$
$$+\gamma_9 KW\_OTHER_{i,t}+\gamma_{10} SIZE_{i,t}+\gamma_{11} BTM_{i,t}+\gamma_{12}\Delta NI_{i,t}$$
$$+\gamma_{13} LEV_{i,t}+\gamma_{14} RET_{i,t}+\gamma_{15} STD\_RET_{i,t}+\gamma_{16} DIV_{i,t}$$
$$+\gamma_{17} FOG\_1A_{i,t}+\gamma_{18} FOG\_MDA_{i,t}+\gamma_{19} FOG\_OTHER_{i,t}+\varepsilon_{i,t} \quad (3a)$$

$$ZRANK_{i,t+1}=\eta_1 KW\_1A_{i,t}+\eta_2 POST_t+\eta_3 KW\_1A_{i,t}\times POST_t+\eta_4 KW\_MDA_{i,t}$$
$$+\eta_5 KW\_OTHER_{i,t}+\eta_6 ZRANK_{i,t}+\varepsilon_{i,t} \quad (5)$$

上述模型（1）—（3）检验了假设1A—1C，重点关注α_3、β_3、γ_3的回归系数；模型（4）是另一种测量增量风险信息披露的方法，该模型的回归残差即衡量了公司增量风险信息披露；模型（1a）—（3a）检验了假设2A—2C，重点关注α_5—α_7、β_5—β_7、γ_5—γ_7的回归系数；模型（5）检验了假设3，重点关注η_3的回归系数。

9.3.5 实证分析

（1）主回归检验

模型（1）—（3）回归结果表明，增量风险信息披露能够对股票、期权和债券市场产生显著的市场反应，但这种市场反应在金融危机以后显著减弱，一方面表明增量风险信息披露确实具有信息含量，但另一方面也表明，增量风险信息披露的信息含量在金融危机以后显著减弱。当使用模型（4）衡量公司增量风险信息披露以后，回归结果并未发生改变，支持了上述推断。

模型（1a）—（3a）回归结果表明，将假设1A项目中的风险信息划分为三类（新增风险、重复风险和终止风险）以后，仅有新增风险能够产生显著的股票、期权和债券市场反应，但这种市场反应在金融危机以后同样显著减弱，进一步验证了模型（1）—（3）的研究结论。

模型（5）回归结果表明，公司当年风险信息披露与公司下一年破产风险之间存在显著的相关关系，但这种相关关系在金融危机以后显著减弱。

以上结果表明无论是使用市场层面的检验指标，还是非市场层面的经济后果指标，金融危机以后公司风险信息披露信息含量的降低确实存在。

（2）进一步分析

第一，本文进一步将 Campbell 等（2014）文献中提出的五种风险使用主成分分析法归并为两种，即财务风险与系统风险（FIN_SYS_1A）、非系统风险与监管风险（IDIO_LR_1A）。研究发现，风险信息披露中的财务与系统风险更具有信息含量，能够引发股票、期权和债券显著的市场反应，但这种信息含量同样在金融危机以后显著降低。

第二，通过上述研究已发现，风险信息披露中的增量信息、财务与系统风险信息才是具有信息含量的披露内容。为进一步验证上述推断，本文将风险信息披露中的增量信息划分为增量财务风险与系统风险信息（FIN_SYS_1A_New）和增量非系统风险与监管风险（IDIO_LR_1A_New），回归结果发现，仅增量财务风险与系统风险信息（FIN_SYS_1A_New）具有信息含量，能够引发股票、期权和债券显著的市场反应，但这种信息含量同样在金融危机以后显著降低。

第三，本文前述计量风险信息披露时，均参考 Campbell 等（2014）列举的风险相关关键词。在稳健性检验中，本文直接用年度财务报告 1A 项目中总词汇的变化（ΔWC_1A）衡量风险信息披露，回归结果与模型（1）—（3）相比未发生变化。

第四，本文参照 Kravet 和 Muslu（2013）风险相关关键词词汇表重新计算增量风险信息披露（ΔKM_1A），回归结果与模型（1）—（3）相比基本相同。

（3）稳健性检验

第一，本节并没有发现在金融危机前后，公司总体年度财务报告披露所引发的股票、期权和债券市场反应存在显著差异，从而排除了年报披露市场反应对本书研究结果的干扰。

第二，不少公司在年度财务报告披露前会发布业绩快报，本文提取了业绩快报中的风险信息，回归结果发现，业绩快报中的风险信息披露并不能引发显著的股票、期权和债券市场反应。

第三，本书将模型（5）中的被解释变量替换为公司当年的破产风险，回归结果依然不变。

第四，Hope 等（2016）研究发现，风险信息披露的具体化程度有助于股票投资者和金融分析师评估公司风险。为排除风险信息披露的具体化程度对本文研究结论的干扰，本文在控制变量中加入衡量风险信息披露具体化程度的指标（Specificity），发现回归结果并未发生变化。

9.4 SEC 对公司定性披露意见函的溢出效应：来自风险信息披露的证据①

9.4.1 研究背景

SEC 对公司提交的文件进行审查，之后将意见函反馈给公司，是美国资本市场中一项重要的强制性执行活动，每个上市公司至少每三年会被 SEC 审查一次，旨在揭露公司存在的会计违规和信息披露不足的问题。上市公司提交给 SEC 的文件中，定性披露占很大的比例。在定性披露方面管理者在披露和回应时有较大的自主权，因此，SEC 在进行审查时面临着更大的挑战，需要付出更多的成本，但其带来的好处却有很大不确定性，因此，这项审查在申请预算时遭到限制。由于资源的有限性和预算的限制，本文想要探讨 SEC 的这项审查活动是否给除了目标公司以外的公司带来了好处。

9.4.2 理论框架

SEC 财务部会对上市公司提交的文件进行审核，从市场参与者的角度对其定性披露提出问题与质疑，将意见函（SEC comment letters）反馈回公司，公司要针对意见函中所提的问题对当下的披露进行补充或解释，或进行报告的修改，

① 本节内容据相关文献摘编，原文参见：Brown，S，V，and X，Shaolee Tian，et al.，2018，“The Spillover Effect of SEC Comment Letters on Qualitative Corporate Disclosure：Evidence from the Risk Factor Disclosure”，Contemporary Accounting Research，35（2）：622－656.

或对在下期报告中提供额外的披露进行说明，直到完全解答了 SEC 提出的问题，审查程序才会结束，在每年的 12 月证监会会将所有相关的意见函和回复进行公布。因此，当公司收到来自 SEC 的意见函时，会给其带来较高的成本，如负向的市场反应、工作人员和律师需要投入大量的时间、对公司正常业务可能带来干扰等原因，基于上述原因，公司不愿意收到意见函。因此，本文预期当公司发现别的公司收到意见函时，会产生社会学习效应，来改变自己的定性披露减少自己下一年收到意见函的可能性。也就是当 SEC 对某些公司发出意见函时，同时会对另一些公司产生威慑效应，促使他们改变自己的披露，本文称之为溢出效应。

本文选取定性披露中的风险信息披露来研究，主要有以下两个原因：(1) 集中于一种类型的定性披露可以在收到意见函后捕捉到相应的对其披露产生的影响，进行更加细致的研究；(2) 风险披露近年来受到了投资者和监管层很大的注意，且令监管层困扰的是大量公司披露样板化的风险信息，本文研究风险信息披露的改变，具有一定的意义。

本文认为溢出效应的途径主要有以下四个：(1) 行业领导者。行业领导者在行业中有着重要的地位，很多公司的信息披露以其为标准，因此行业领导者的披露会给同行的其他公司带来重要的影响，当行业领导者收到 SEC 意见函时，其他同行业公司会根据 SEC 给行业领导者提出的披露意见对自己的披露进行审查，并在下一年做出改变避免收到意见函。(2) 竞争者。竞争者是每个公司非常重要的角色，他们在产品市场上的地位非常相似，因此，公司通常会通过模仿或者区分来巩固自己的地位。当其竞争者收到 SEC 的意见函后，公司会通过提供更高质量的披露来与其对手产生差别。(3) 大量的同行业公司。当同行业中大量的公司都收到意见函时，说明证监会比较关注该行业或者该行业存在普遍的披露问题，这时没有收到意见函的同行业公司会引起注意，也对自己的披露进行相应的修改。(4) 相同的审计师。审计师的意见会影响到公司的定性披露，相同的审计师很可能会使公司的披露相似度较高，因此，当一方收到 SEC 的意见函时，其他公司也会在下一年披露中修改自己的风险信息披露。

9.4.3　本文贡献

(1) 研究了 SEC 审查意见函是否可以提高非目标公司的定性披露，证明了审查这项执法活动对资本市场有好处。

（2）本文丰富了公共执法文献和风险信息披露文献。

9.4.4 研究设计

（1）数据收集

EDGAR 下载所有上市公司 2005 年到 2010 年的年报，和 COMPUSTAT 进行匹配，依次剔除以下样本，没有 Section 1A 的样本，风险披露在其他部分的样本，连续两年数据缺失的样本，小公司样本，以及其他变量缺失的样本，共 13254 个 Firm - year 样本。

（2）变量

被解释变量：披露的改变量：①参照 Brown 和 Tucker（2011）计算修改分数 Modif，通过文本分析法利用向量模型计算相似性分数，1 减去相似性分数。该值越大，说明下一年的披露修改程度越大。②$|\Delta length|$：风险披露部分当年总字数和下一年总字数差值的绝对值除以当年总字数。该值越大，说明披露的改变程度越大。

解释变量：收到 SEC 意见函的情况分为四种：①risk - letter：收到关于风险信息披露部分的意见函；②10k - nonrisk - letter：收到关于年报的意见函但是不关风险信息披露部分；③other - letter：收到意见函但不是关于年报的；④没有收到意见函。由于研究对象为年报，所以将第三种情况的样本进行了删除。

（3）模型

$$
\begin{aligned}
Modif_{t+1} \text{ or } |\Delta Length|_{t+1} = {} & a_0 + a_1 Post_t + a_2 Size_t + a_3 MTB_t + a_4 PL_{t+1} + a_5 Structure_{t+1} \\
& + a_6 \Delta Auditor_{t+1} + a_7 |\Delta Stdret|_{t+1} + a_8 |\Delta ROA|_{t+1} \\
& + a_9 |\Delta Lev|_{t+1} + a_{10} |\Delta Cash|_{t+1} + a_{11} Restate_{t+1} \\
& + a_{12} Length_t + \text{Industry fixed effects} \\
& + \text{Year fixed effects} + \varepsilon \qquad (1)
\end{aligned}
$$

$$
\begin{aligned}
Modif_{t+1} \text{ or } |\Delta Length|_{t+1} = {} & b_0 + b_1 Risk - letter_t + b_2 10K - nonrisk - letter_t \\
& + b_3 Size_t + b_4 MTB_t + b_5 PL_{t+1} + b_6 Structure_{t+1} \\
& + b_7 \Delta Auditor_{t+1} + b_8 |\Delta Srdret|_{t+1} + b_9 |\Delta ROA|_{t+1} \\
& + b_{10} |\Delta Lev|_{t+1} + b_{11} |\Delta Cash|_{t+1} + b_{12} Restate_{t+1} \\
& + b_{13} Length_t + \text{Industry fixed effects}
\end{aligned}
$$

$$+ \text{Year fixed effects} + \varepsilon \tag{2}$$

$$\begin{aligned} \text{Risk\_letter}_t = {} & c_0 + c_1 \text{Modif}_t (\text{or } |\Delta \text{Length}|_t) + c_2 \text{Restate}_t + c_3 |\Delta \text{Stdret}|_t \\ & + c_4 \text{Size}_t + c_5 \text{MTB}_t + c_6 \text{Big4}_t + c_7 \text{N\_segments}_t + c_8 \text{Structure}_t \\ & + c_9 \text{Sales\_growth}_t + c_{10} \text{Loss}_t + c_{11} \text{Neg\_CFO}_t + c_{12} \text{NReview}_{t-1} \\ & + \text{Industry fixed effects} + \text{Year fixed effects} + \varepsilon \end{aligned} \tag{3}$$

$$\begin{aligned} \text{Modif}_{t+1} \text{ or } |\Delta \text{Length}|_{t+1} = {} & d_0 + d_1 \begin{bmatrix} \text{Leader}_t \\ \text{Rival}_t \\ \text{Freq\_RL}_t \\ \text{Com\_auditor}_t \end{bmatrix} + d_2 \text{NReview}_t + d_3 \text{Size}_t \\ & + d_4 \text{MTB}_t + d_5 \text{PL}_{t+1} + d_6 \text{Structure}_{t+1} \\ & + d_7 \Delta \text{Auditor}_{t+1} + d_8 |\Delta \text{Stdret}|_{t+1} \\ & + d_9 |\Delta \text{ROA}|_{t+1} + d_{10} |\Delta \text{Lev}|_{t+1} \\ & + d_{11} |\Delta \text{Cash}|_{t+1} + a_{12} \text{Restate}_{t+1} + a_{13} \text{Length}_t \\ & + \text{Industry fixed effects} + \text{Year fixed effects} + \varepsilon \end{aligned} \tag{4}$$

$$\begin{aligned} \text{More\_specific}_{t+1} = {} & e_0 + e_1 \begin{bmatrix} \text{Leader}_t \\ \text{Rival}_t \end{bmatrix} + e_2 \text{NReview}_t + e_3 \text{Size}_t + e_4 \text{MTB}_t + e_5 \text{PL}_{t+1} \\ & + e_6 \text{Structure}_{t+1} + e_7 \Delta \text{Auditor}_{r+1} + e_8 |\Delta \text{Stdret}|_{t+1} \\ & + e_9 |\Delta \text{ROA}|_{t+1} + e_{10} |\Delta \text{Lev}|_{t+1} + e_{11} |\Delta \text{Cash}|_{t+1} \\ & + e_{12} \text{Restate}_{t+1} + \text{Industry fixed effects} + \text{Year fixed effects} + \varepsilon \end{aligned} \tag{5}$$

$$\begin{aligned} \text{Risk\_letter}_{t+1} = {} & a_0 + a_1 \text{More\_specific}_{t+1} + a_2 \text{Modif}_{t+1} (|\Delta \text{Length}|_{t+1}) \\ & + a_3 \text{Restate}_{t+1} + a_4 |\Delta \text{Stdret}|_{t+1} + a_5 \text{Size}_{t+1} + a_6 \text{MTB}_{t+1} \\ & + a_7 \text{Big4}_{t+1} + a_8 \text{N\_segments}_{t+1} + a_9 \text{Structure}_{t+1} \\ & + a_{10} \text{Sales\_growth}_{t+1} + a_{a11} \text{Loss}_{t+1} + a_{12} \text{Neg\_CFO}_{t+1} \\ & + a_{13} \text{NReview}_t + \text{Industry fixed effects} + \text{Year fixed effects} + \varepsilon \end{aligned} \tag{6}$$

9.4.5 实证分析

（1）指标（Modif）有效性检验。①比较 risk - letter 和 10k - nonrisk - letter 公司在收到意见函下一年对风险信息披露改变程度的比较，对模型（1）进行回归，发现 risk – letter 公司在下年的风险披露部分的改变量显著大于 10k – nonrisk – letter。②收到意见函与 no – letter 公司在下一年风险信披露改变程度的比较，对模型（2）进行回归，发现收到 risk – letter 的公司风险信息部分改变程度显著大于 10k – nonrisk – letter 和 no – letter 公司。③改变程度与下一年收到意见函可能性之间的关系。对模型（3）进行回归，发现当风险信息披露该变程度越大，下一年收到意见函的可能性越小。以上三个检验证明该指标是有效的。

（2）溢出效应的检验。在本检验中样本为 no – letter 的公司样本，当该公司有行业领导者、竞争者、相同审计师时且收到 risk – letter 取值为 1，否则为 0。大量同行业公司用该行业收到 letter 的公司数除以行业公司总数进行衡量。对模型（4）进行回归结果发现，在行业领导者、竞争者、大量同行业三类中 no – letter 的风险信息披露改变量显著增加，说明发生了溢出效应，在相同审计师中没有溢出效应。

（3）进一步检验。①是否披露了具有公司特质的信息。当溢出效应发生后，风险披露明显增多，本文进一步检验了是否其披露内容也更加具有公司特性更加有效。若 Modif 的值发生增加取值为 1 认为披露更加具有公司特性，否则为 0。对模型（5）进行回归，结果发现只有在行业领导者产生的溢出效应中公司风险信息披露更加有效更加具有公司特性。②增加披露后对下一年的影响。由模型（6）进行回归分析，结果表明，只有当公司披露具有公司特质的风险披露时，才会减少公司下一年收到 letter 的可能性。

第 10 章　风险信息披露的经济后果文献导读

10.1　文本风险披露和投资者的风险感知①

10.1.1　理论框架

（1）背景知识

SEC 和 FASB 等一些制度要求企业强制（或自愿）披露与市场风险有关的信息，如：SFAS No. 119 鼓励企业披露衍生品和金融对冲工具的市场风险；1997 年 1 月，美国证监会发布 FRR No. 48 要求公司提供与市场风险有关的信息，如与股价、利率、汇率和商品价格等有关的信息。而此类信息披露一直备受争议：大部分公司披露的信息属于模板式的信息，没有特殊的信息含量。

（2）理论框架

风险信息披露可对投资者感知能力的影响可能有三种情况。一是没有影响，即披露的风险文本是模板式的，不增加投资者的风险感知能力也不减少；二是正向影响，即风险文本披露了一些市场未知的信息，故而增强了投资者的风险感知能力；三是负向影响，即风险文本披露的是一些市场已知的信息和一些或有事项，故可能降低投资者的风险感知能力。

假设 1：如果风险信息披露的是未知（已知）信息，会增强（减弱）了投资者的风险感知能力，不同投资者之间的差异增大（减少），进而导致股票的交

① 本节内容据相关文献摘编，原文参见：Kravet, T, and Muslu, V., 2013, "Textual Risk Disclosures and Investors' Risk Perceptions", Review of Accounting Studies, 18 (4): 1088 - 1122.

易量增加（减少）。未知（已知）信息也会减弱（增强）投资者的信心，进一步增加（减少）交易量。

假设2：由于不同投资者对风险承受能力不同，如果风险信息披露增强（减弱）了投资者的风险感知能力，不同投资者之间的差异增大（减少），进而导致股票的交易量增加（减少）。

假设3：由于不同投资者对风险承受能力不同，如果风险信息披露增强（减弱）了分析师的风险感知能力，不同分析师之间的差异增大（减少），进而导致分析师的预测修订差异增加（减少）。

10.1.2　相关文献及本文贡献

（1）相关文献

①风险披露文献

Linsmeier等（2002）研究发现当企业被FRR No.48强制要求披露市场风险后，股票交易量对市场风险敞口的敏感性下降；Wong（2000）发现衍生品披露与货币敞口预测之间只有微弱的正向关系。

②风险披露的信息量

Li（2006）发现年报中风险倾向增加，股票的未来收益越低，说明投资者未对风险信息产生足够的反应；Campbell等（2011）研究发现年报中1A部分报告越长，来年的买卖价差越低（信息不对称程度越低），而β值和股票回报波动性越高（投资者估计的基本面风险）。

（2）本节贡献

丰富了信息披露的文献。前人文献研究了SFAS119和FRR No.48披露要求的实施对企业的影响，但是并没有研究文本信息披露是否以及如何传递信息，本文丰富了文本信息文献，使用了change model，并考虑到风险信息的负面影响。

10.1.3　研究设计

（1）样本选择

研究使用美国1994—2007年的数据。

（2）变量

①被解释变量

ΔRisk Disclosure：今年年报中含有风险关键字的句子个数减去去年年报中含有风险关键字的句子个数。

ΔNon - Risk Disclosure：年报中不含有风险关键字的句子个数。

②解释变量

Δσ（Return）：年报披露后 60 天日股票回报标准差与披露前 60 天日股票回报标准差之间的差异（计算时扣除披露前后一天及当天的股票回报）/100。

Δ[σ(Neg Return)/σ(PosReturn)]：年报披露后 60 天与披露前 60 天的该比例的差异。计算 sd（Neg Return）时，假设 pos return 为 0；反之亦然。

Log（Filing Volume）：年报披露三天窗口期的平均日交易量取对数。

ΔLog（Volume）：年报披露后 60 天交易量与披露前 60 天交易量之间的差异（计算时扣除披露前后一天及当天的股票回报）（同样取对数）。

σ（Forecast Revision）：年报披露后 60 天分析师预测修订标准差与披露前 60 天分析师预测修订标准差之间的差异。

（3）为了检验假设，设定下列 change 模型：

$$
\begin{aligned}
Y = {} & \beta_0 + \beta_1 \Delta \text{Risk Disclosure} + \beta_2 \Delta \text{Non - Risk Disclosure} \\
& + \beta_3 \Delta \text{Market Return Volatility} + \beta_4 \Delta \text{Fog Index} + \beta_5 \Delta \text{Institutional Ownership} \\
& + \beta_6 \Delta \text{Managerigal Forcast} + \beta_7 \Delta \text{Sales Growth} + \beta_8 \Delta \text{ROA} + \beta_9 \Delta \text{Segments} \\
& + \beta_{10} \Delta \text{Loss} + \beta_{11} \text{Filing Return} + \beta_{12} \text{Absolute Filing Return} \\
& + \beta_{13} \Delta \text{Market Return} + \varepsilon \qquad (1)
\end{aligned}
$$

10.1.4　实证分析

（1）风险信息披露的数量与股价波动性

基本检验；加入控制变量检验。

（2）风险信息披露的数量与股票交易量

基本检验；加入控制变量检验。

（3）风险信息披露的数量与分析师预测修订差异性

基本检验；加入控制变量检验。

（4）区分企业特有信息和行业平均信息分组检验，行业的更显著

（5）稳健性检验

区分信息语句的语调，结果无差异；缩短窗口期（排除其他信息导致市场反应的可能解释）；区分风险信息披露增加或减少，结果无差异；替换变量［使用 Li（2006）中的风险词作为关键词］。

10.2 客户风险信息披露与供应商投资风险①

10.2.1 研究动机

供应商产能过剩的成本需要供应商自身承担，而客户希望供应商有更多的可用存货来防止在需求高时发生缺货，这在供应链文献中被称为“捆绑效应”（在整个供应链中，从产品离开制造商的生产线到零售商的货架的流程中，产品的平均库存时间一般较长）。被扭曲的需求信息使供应链中的各个主体都相应增加库存，这将会导致供应链中企业的生产预测能力变差。此外，由于无法及时处理积压订单，还会带来生产计划的不确定性（Lee et al.，1997；Cachon and Lariviere，2001）。因此，客户会倾向于夸大其需求或非约束订单，以促使其供应商在研发和生产中进行更多投资，从而导致供应商过度投资和产能过剩。

如果供应商更了解客户的风险和履行合同的能力，就能够更好地评估其投资的未来前景和结果，进而提高投资效率。SEC 于 2005 年发布一项规定，要求公司在 10－K 文本的 Item 1A 中提供投资风险相关的信息，通过这部分信息，可以增加投资者对公司与其投资相关的重大风险的了解。虽然风险信息主要是为资本市场参与者提供的，但其中也可能包含对公司其他利益相关者有用的信息，如供应商。基于此，本文检验客户的风险信息披露（RFD）是否有助于供应商做出合理的投资决策，进而改善它们的投资效率。

① 本节内容据相关文献摘编，原文参见：Chiu，T. T. and J. B. Kim，et al.，2019，“Customers' Risk Factor Disclosures and Suppliers' Investment Efficiency”，Contemporary Accounting Research，36（2）：773－804.

10.2.2　理论框架

客户年报中风险信息披露可以通过两种方式影响供应商。一方面，由于风险信息主要是负面新闻，客户不希望与供应商私下分享此类信息。同时，在面对议价能力相对较弱的小供应商时，客户会认为自身没有义务披露此类信息，因此，风险信息披露可能包含供应商从其他渠道无法获取的增量风险信息。另一方面，虽然公司可以通过私有渠道直接从客户接收需求信息，但客户共享的私人信息不一定可靠，而经审计的年度报告中提供风险信息往往更多比来自其他来源的信息更可靠，因而年报中的风险信息可以更好地验证从私有渠道获得的风险信息。

由于供应商的投资过度的成本不是由客户承担，客户出于“自利动机”，为了避免自己在需求量大时候库存缺货，会夸大自身的需求。当供应商下游的客户数量较少、供应商的议价能力较弱时，供应商不得不承受来自客户的压力，并维持较高的生产能力和库存持有量，从而产生较高的关系专用型投资。年报中的风险信息能够帮助供应商更好地了解客户的销售状况、盈利能力和运营产生负面影响的因素，进而更好地评估自己对客户的关系专用型投资。因此，客户的风险信息披露有助于帮助供应商作出更优的投资决策，提高供应商的投资效率。

此外，当供应商处于讨价还价的劣势、供应商所处的行业为耐用品行业时以及供应商更关心未来需求波动时，风险信息对投资效率的提升作用越强。首先，议价能力较弱的供应商往往处于信息劣势，其较难从私有渠道获取客户准确的需求信息，因而年报风险信息可能是它们获取客户不确定需求信息的最重要来源。因此，当供应商的讨价还价能力较弱时，风险信息的信息量对供应商的投资效率的影响作用更强。其次，生产耐用品的供应商投资中的关系专用型资产比重较高，用以支持客户所订购的独特产品。因此，与非耐用品行业的供应商相比，风险信息对耐用品行业供应商的投资决策可能更有用。最后，当供应商更关心未来需求的波动性时，它们可能会更有动机收集信息，使自己更好地了解客户风险，因此可能会在年报中密切关注客户的风险信息披露。

10.2.3 文献与贡献

（1）相关文献

①供应链投资的文献

供应链投资通常是关系专用性投资，供应商投资的设备和机器具有为特定客户交易或定制的特征（Joskow，1987），投资专用性越强，投资对其他客户的价值越低（Williamson 1975）。

②客户与供应商合同关系的文献

声誉因素可能会在事后对自己的行为施加市场约束，通过维持长期关系并遵守与供应商的隐性合同，公司可获得声誉优惠，会有折扣价格或更优惠的交易条款（Joskow，1987）。精心设计的关系合同可以减少客户违背和缓解供应商面临的投资不足的动机。然而，最佳关系合同可能非常复杂，并且通常依赖于客户与供应商的重复博弈（Debo and Sun 2004；Taylor and Plambeck，2007）。

③供应链投资效率的文献

当供应商仅向有限数量的主要客户销售时，这些客户具有相对较强的议价能力，并且可以对依赖供应商施加更大压力，以维持更高水平的生产能力和库存持有量（Porter 1974；Cachon and Terwiesch 2012）。为更好地评估特定关系投资的价值并实现更高的投资效率，供应商公司必须了解其客户的未来前景和履行义务的能力（Kreps et al.，1982；Ramanand Shahrur，2008；Dou et al.，2013）。

（2）本文贡献

第一，本文研究验证了风险信息具有信息性。既有研究提出风险信息是模板式的披露，对信息使用者无显著指导作用（Campbell et al.，2014；Hope et al.，2016；Chiu et al.，2017），本文验证了风险信息的有用性，且风险信息不仅对资本市场参与者有用，还对产品市场参与者有用。

第二，本文研究验证了供应链中的信息传递作用。既有文献关注企业向其供应链合作伙伴，特别是供应商和供应商利益相关者的披露的年度报告的信息量（Ramanand Shahrur 2008；Pandit et al.，2011；Hui et al.，2012；Dou et al.，2013）。本文的研究通过显示客户年度报告中的 RFD 与供应商的投资决策相关并帮助提高供应商的投资效率，补充了这类文献。

第三，本文研究丰富了供应链管理文献。既有文献检验了各种机制来实现投资效率和最大化供应链的总利润，包括客户信息共享、垂直整合和关系合同。本文证明了年报中的信息披露可能会在供应链中起作用，帮助供应商做出明智的决策并实现更高的投资效率。

10.2.4　研究设计

（1）样本

本文获取了 2005—2011 年 36264 份年度财务报告。样本处理过程如下：①剔除了金融公司样本；②剔除未披露主要客户名称的样本；③剔除关键变量缺失的样本；最终样本包含 680 家公司 1829 个“公司—年度”观测值。为消除极端值对回归结果的影响，对主要变量在 1% 和 99% 水平上进行了缩尾处理。

（2）变量

①解释变量

年报 Item1A 词频数 LENGTH：各主要大客户年度财务报告 1A 项目中总词汇数加权平均值的自然对数，权重为供应商对其的销售额除以供应商总销售额。

年报 Item1A 风险相关词的数量 RISK_WORDS：各主要大客户年度财务报告 1A 项目中风险相关词汇加权平均值的自然对数，权重为供应商对其的销售额除以供应商总销售额。

年报 Item1A 前瞻性关键字数量 FL_WORDS：各主要大客户年度财务报告 1A 项目中前瞻性相关词汇加权平均值的自然对数，权重为供应商对其的销售额除以供应商总销售额。

②被解释变量

总投资 Invest 为（资本支出 + 并购支出 - 出售长期资产收入 - 折旧 + 研发投入）/期初总资产，并使用模型（1）回归，用残差衡量投资水平 R_INVEST（投资不足和过度投资），将残差三等分，最小等分取 1，中间等分取 2，最大等分取 3。

（3）模型

$$INVEST_{t+1} = \alpha_0 + \alpha_1 SGrowth_t + \varepsilon_{t+1} \quad (1)$$

$$\begin{aligned} R\_INVEST_{t+1} = {} & \beta_0 + \beta_1 CRISKF_t + \beta_2 CWORD\_10K_t + \beta_3 CRETURN_t \\ & + \beta_4 CSTDRET_t + \beta_5 CRETURN_{t+1} + \beta_6 CSTDRET_{t+1} \\ & + \sum \beta_1 Control_{1,t} + \varepsilon_{t+1} \end{aligned} \quad (2)$$

$$\begin{aligned} INVEST_{t+1} = & \beta_0 + \beta_1 CRISKF_t + \beta_2 CRISKF_t \times OverI_t + \beta_3 CWORD\_10K_t \\ & + \beta_4 CWORD\_10K_t \times OverI_t + \beta_5 OverI_t + \beta_6 GOV_t \\ & + \beta_7 GOV_t \times OverI_t + \beta_8 CRETURN_t + \beta_9 CSTDRET_t \\ & + \beta_{10} CRETURN_{t+1} + \beta_{11} CSTDRET_{t+1} + \sum \beta_l Control_{l,t} \\ & + Industry\ Indicators + Year\ Indicators + \varepsilon_{t+1} \end{aligned} \tag{3}$$

10.2.5 实证分析

（1）主回归检验

模型（2）回归结果表明，无论是过度投资组还是投资不足组，客户年报风险信息的三个指标都与投资不足与过度投资显著负相关，表明客户风险信息披露提升了供应商的投资效率。

本文进一步分析供应商的议价能力对上述两者关系的调节作用。用供应商的规模（供应商的市场价值）和客户产品市场竞争程度（10－K文本中产品相似度）作为供应商议价能力的代理变量并，与年报风险信息交乘，并分别对投资不足和过度投资进行回归。结果显示，较小规模的供应商、产品市场竞争程度较低的供应商风险信息披露的作用更显著，因此当供应商的讨价还价能力较弱时，风险信息的信息量对供应商的投资效率的影响作用更强。

生产耐用品的供应商更有可能投资关系专用型资产，用来支持客户所订购的独特产品（Kale 和 Shahrur，2007；Banerjee 等，2008）。本文将行业代码在1000和4783之间的供应商定义为耐用品行业供应商，根据公司是否在耐用品行业中将样本分为两个子样本，回归结果显示：不管是投资不足还是过度投资，客户风险信息与投资效率都是在耐用品行业显著为负，在非耐用品行业不显著，且通过了组间差异性检验。表明与非耐用品行业的供应商相比，耐用品行业的供应商更可能关注和评估其客户的潜在风险。

当供应商更关心未来需求波动性时，它们可能会更加努力地收集信息，更好地了解客户风险，因此，可能会在年报中密切关注客户的风险信息披露。本文根据供应商是否在的10－K文本中披露风险信息表达了对未来需求波动性的担忧，来将供应商区分为关心未来需求波动风险的供应商与不关心未来需求波动风险的供应商，回归结果显示，在投资不足样本中，风险信息披露对供应商投资效率提升的效果更显著，并通过了组间差异性检验。因此，对于需求波动风险较大的供应商而言，客户风险信息披露的信息量与供应商投资效率之间的正向关系更为显著。

（2）进一步分析与稳健性检验

依据 Biddle 等（2009）的研究，检验当供应商过度投资时，客户信息披露的信息量是否对供应商的投资水平产生影响。当企业现金流更充裕时，企业的融资约束较弱、代理问题越严重，越有可能过度投资；同时高杠杆率的公司受到更多限制，容易遭受债务过重问题，投资不足的可能性更高。本文将现金除以资产表示现金水平，对资产负债率取负数并十等分，分别赋值为0—1，取两者平均数，得到0—1 的数值，数值越大越可能过度投资。回归结果发现，客户风险信息与过度投资的交乘项显著为负，表明企业过度投资削弱了客户风险信息披露对投资水平的提升作用。

此外，本文还做了系列稳健性检验。首先，为解决遗漏变量的问题，将模型中变量都取一阶差分，因变量替换为残差绝对值（残差绝对值越小，表明与预期投资水平的偏差较小）。回归结果显示，风险信息披露提高了投资效率，与主回归的结论相一致。其次，本文对供应商的类型进行分类，分为依赖型供应商和非依赖型供应商。相对于非独立供应商，依赖供应商更有可能参考客户 10－K 报告中新增的风险因素部分，以获取有关其客户业务风险的信息，回归结果显示，在依赖型供应商分组中显著，而在非依赖型供应商分组中不显著，表明风险信息对依赖供应商的影响要大于非依赖型供应商。最后，前人研究发现盈余管理，例如收入平滑会影响供应商和客户的投资行为，此外会计稳健性影响客户与供应商之间的合同关系，本文在模型中进一步控制客户收入平滑和会计稳健性，所得结果与主回归相似。

10.3　风险信息披露对违约信用互换定价的影响①

10.3.1　研究动机

从 2005 年 12 月开始，美国证券交易委员会（SEC）要求企业在 10－K 文件

① 本节内容据相关文献摘编，原文参见：Chiu，T. and Y. Guan，et al.，2018，“The Effect of Risk Factor Disclosures on the Pricing of Credit Default Swaps”，Contemporary Accounting Research，35（4）：2191－2224.

的 1 – A 中增加风险信息披露，用来披露“可能使企业陷入风险的因素”。SEC 预期风险信息披露会提高公司的信息透明度，从而使投资者能够做出更明智的投资决策。现有关于风险信息披露的文献都集中在股票市场。比如，风险信息披露对股票市场参与者进行风险评估是有价值的。然而，以往的研究几乎没有提供风险信息披露对于债券市场的影响，尤其是对于信贷衍生品的影响。为了填补这一空白，本文利用 SEC 强制要求企业披露风险信息作为制度背景，研究强制性风险信息披露对 CDS 溢价的影响。

10.3.2 理论框架

一方面，基于 Duffie 和 Lando（2001）的理论表明，更透明或者更精确的会计信息披露将有助于减少信贷利益相关者对公司潜在风险的不确定性，进而降低债券定价中的信息风险溢价。由于风险信息披露主要提供对公司财务状况有重大不利影响因素的信息，而这些信息将有助于 CDS 投资者更为准确地评估企业的信用风险，进而提高企业的信息透明度，降低 CDS 溢价。另一方面，风险信息披露也有可能会增加利益相关者对企业信用风险的感知，违约风险从而增加，进而提高 CDS 溢价。因此，强制性风险信息披露究竟是减少还是增加 CDS 溢价，目前尚不清楚。因此，提出本文的假设 H1。

假设 H1：在其他条件相同的情况下，企业在披露风险信息之后，CDS 溢价有所下降。

为验证风险信息是通过提高企业信息透明度进而降低了 CDS 溢价这一逻辑，本文进一步探讨了上述两者关系在不同信息环境下是否存在差异。Lang（1991）提出的模型表明，当对公司未来前景的不确定性更高时，收益对投资者的信息量更大。Sengupta（1998）的研究表明，信息披露质量越高的公司债务成本越低，尤其是在信息不确定性越大的公司。Shivakumar 等（2011）发现，在信息不确定性较高时，CDS 市场对管理层预测的反应更为激烈。当企业的基本面波动较大或者较为复杂时，市场参与者很难准确评估企业的价值或未来前景，这可能导致资本成本中的信息风险溢价较高。当信息不确定性水平较高时，风险信息披露可能对信用投资者更有用，帮助他们更好地评估公司的信用质量。因此，本文预期当企业的潜在信用风险存在较大的不确定性时，风险信息披露对 CDS 溢价的影响将更为显著，因此，提出本文的假设 H2。

假设 H2：在其他条件相同的情况下，对于信息不确定性更高的企业来说，风险信息披露对 CDS 溢价的影响程度更大。

10. 3. 3 文献与贡献

（一）相关文献

（1）信息违约互换定价方面的文献。Callen 等（2009）研究了盈余信息在 CDS 定价中的作用，发现盈余信息能够显著降低 CDS 溢价，表明会计盈余信息传递了企业违约风险的信息。Das 等（2009）和 Correia 等（2012）研究了会计信息对于预测 CDS 溢价的有用性。Shivakumar 等（2011）研究了与盈余相关的自愿信息披露与信贷市场的相关性，发现管理层盈余预测信息与 CDS 溢价之前的显著负相关性，并且发现信贷市场对于管理层预测的反应强于对盈余公告的反应。Bhat 等（2014）发现采用 IFRS 后，用于评估信用风险的会计信息的有用性并没有得到提升。Bhat 等（2016）发现采用 IFRS 后，CDS 溢价呈下降趋势，表明实施国际财务报告准则之后提高了企业的信息透明度。

（2）风险信息披露方面的文献。SEC 认为，在 10 – K 和 10 – Q 中加入单独的风险信息披露部分，将有助于市场参与者作出更明智的投资决策。其中，风险信息包括市场风险、经营风险、财务风险、法律风险、监管风险和税收风险。学术界有关于风险信息披露的有效性一直存在争议。Campbell 等（2014）发现风险信息披露增加了企业的 β 值和收益的波动性，但降低了买卖价差，这意味着股票投资者在评估公司风险时考虑了风险信息披露中所包括的信息。Hope 等（2016）测量了风险信息的异质性水平，并证明了风险信息披露的异质性越强，市场对于其反映越大。Kravet 和 Muslu（2013）发现 10 – K 当中的风险信息披露与收益波动性、股票交易量和预测波动率相关。

（二）本文贡献

首先，本文拓展了关于风险信息披露与 CDS 溢价之间的关系的相关文献。基于 Duffie 和 Lando（2001）的理论基础，利用 SEC 对风险信息披露的强制要求的制度背景，本文得到了风险信息披露是否以及如何影响 CDS 溢价的大样本、系统性的证据。其次，本文有助于研究投资者如何在 CDS 市场上使用会计信息。正如 Griffin（2014）指出，CDS 市场提供了一个独特的环境来检验会计信息披露是否以及如何影响投资者的风险信息评估。然而，这一领域的研究相对较少。

本文的研究结果表明，信息市场参与者在评估公司的信用质量时，利用了 10 - K 和 10 - Q 文件中所包含的风险信息，从而影响了债券工具的定价。再次，现有的研究大多集中在风险信息披露对股票市场的影响，本文是第一篇研究风险信息披露对于债券市场的影响的研究，将对风险信息披露的研究拓展至股票市场之外，能够使我们全面地了解风险信息披露的经济后果，并为 SEC 对风险信息披露提供政策启示。最后，本文通过分析 10 - K 和 10 - Q 的定性风险信息披露对 CDS 溢价的影响，拓展了有关公司定性信息披露对资本市场有用性方面的文献。

10.3.4 研究设计

（1）样本

本文首先从 Markit CDS database 中获取 2003—2007 年的 CDS 数据。与之间的研究一致，本文选取了 5 年期以美元计价的无担保的 CDS 合约。然后，本文将 COMPUSTAT 季度数据与 CDS 数据进行合并，在剔除主要回归变量数量缺失的样本之后，剩下 621 家公司的 7824 个公司季度观察值。为了确保数据在披露前后的均衡性，本研究要求每个公司在进行风险信息披露前后都至少有一个观测值，因此，最后得到 535 家公司的 7504 个季度观测值。

（2）变量

①解释变量

MAN：哑变量，在公司的 10 - K/10 - Q 文件中披露风险信息因素之后等于 1，否则为零。

②被解释变量

SPRDit：企业提交 10 - K/10 - Q 文件后的第一个交易的 CDS 溢价的自然对数。

（3）模型

$$\begin{aligned} SPRD_{it} = {} & \alpha_0 + \alpha_1 MAN_{it} + \alpha_2 ROA_{it} + \alpha_3 LEV_{it} + \alpha_4 SPOT_{it} + \alpha_5 STDRET_{it} \\ & + \alpha_6 RATE_{it} + \alpha_7 SIZE_{it} + \alpha_8 DRISK_{it} + \alpha_9 ILLIQUID_{it} \\ & + \alpha_{10} LaggedSPRD_{it} + \sum YEAR + \sum IND + \varepsilon_{it} \end{aligned} \tag{1}$$

模型（1）检验了风险信息披露对 CDS 溢价的影响。如果 α_1 显著为负，表明风险信息披露能够显著降低 CDS 溢价，从而证实了假设 H1。

10.3.5　实证分析

（1）主回归检验

在以 SPRD 为被解释变量的回归模型中，MAN 的系数显著为负。表明风险信息披露对投资者来说有价值的，可以帮助他们更好地了解公司的下行风险，减少了他们对潜在信贷风险的不确定性，从而能够显著降低 CDS 溢价，印证了假设 H1。差分模型的回归结果仍然显示 MAN 与 SPRD 的系数显著为负，更加印证了假设 H1。为了更深入地了解风险信息披露对债券市场参与者的作用，本文进一步研究了风险信息披露的具体文本内容对 CDS 溢价的影响。基于 Campbell 等（2014），本文将风险信息披露的总字数和与风险关键字的数量来量化风险信息披露的内容，同时，将企业披露的风险分为五类，包括系统风险、特质性风险、财务风险、诉讼风险和税收风险。由于信贷市场参与者可能可以从其他来源了解与宏观经济和行业相关的风险，本文预计企业的特质性风险更具有信息含量。此外，本文预计财务风险披露与信贷市场的相关性要大于与其他类型风险相关的披露，如诉讼风险披露和税务风险披露。实证结果表明，风险信息披露的总字数和与风险关键字的数量与 CDS 溢价显著正相关，系统风险与 CDS 溢价显著负相关，特质性风险和财务风险与 CDS 溢价显著正相关。总的来说，这些实证结果进一步支持风险信息披露包含增量有用信息的假设，并且信贷投资者将这些信息纳入 CDS 溢价。

为了验证假设 H2，研究风险信息披露对 CDS 溢价的影响如何随信息不确定性水平而变化。本文使用三种不同的信息不确定性指标作为调节变量：①分析师的预测离散度（FDISP）；②业务部门的数量（SEG）；③CDS 报价贡献值的数量（CDS DEPTH）。实证结果表明，MAN × FDISP、MAN × SEG、MAN × CDS DEPTH 的系数显著为负。因此，研究结果表明，当公司的基本面波动较大。业务运营较为复杂或信息不对称程度较高时，风险信息披露对降低 CDS 溢价的作用更为显著，印证了假设 H2，即对于信息不确定较大的公司来说，风险信息披露对 CDS 溢价的影响更强。

（2）进一步分析

①风险信息披露对 CDS 定价波动性的影响。本文的初步研究结果表明，在定期报告中提供了风险信息披露之后，公司的风险信息的不对称程度减少，导

致了 CDS 溢价下降。为了进一步证明风险信息披露在降低企业信息风险不对称方面的作用，本文研究了风险信息披露除了影响 CDS 溢价之外，是否还影响 CDS 价差的波动性。如果风险信息披露确实为信用投资者提供了有用的信息来评估企业的违约风险，那么风险信息披露不仅能够减少信息的不对称程度，同样可以降低 CDS 定价的波动性。实证结果表明，风险信息披露与 CDS 定价波动性显著为负，证实了上述观点。

②风险信息披露对 CDS 期限利率结构的影响。Duffie 和 Lando（2001）认为 CDS 溢价与期限之间的关系直接取决于会计信息的透明度。当会计信息透明度提高时，信贷投资者更有能力从企业的定期会计报告中评估企业破产的可能性，从而导致所有的 CDS 溢价下降。此外，随着期限的演唱，投资者会越来越了解企业，能够更高的评估信用事件的发生的概率会如何影响信用事件对公司的资产价值。因此，CDS 溢价的变化敏感度会随着期限的延长而增加。也就是说，会计信息的透明度的提高不仅会降低 CDS 溢价期限结构的截距，还会增加其斜率和凹度。实证结果表明，CDS 溢价与其期限结构呈倒 U 形关系。同时，MAN、MATURITY、MAN × MATURITY 的系数分别显著为负、正和负。这些结果表明，在公司定期报告中披露风险信息之后，所有期限的 CDS 溢价均会降低，且 CDS 溢价与其期限关系的斜率和凹度更高。

③新增风险信息披露对 CDS 溢价的影响。SEC 要求在 10 - K 和 10 - Q 中披露风险信息之前，考虑到风险信息披露可能提供的法律保护，一些公司已经自愿披露了这类信息（以下简称“自愿披露公司”）。因此，相对于那些在 SEC 强制要求披露风险信息之后才开始信息披露的企业（以下简称“非自愿披露公司”），那些自愿披露公司的风险信息新信息较少。因此，本文预期相对于自愿披露公司而言，非自愿披露公司披露的风险信息对 CDS 溢价的影响更强实证结果表明，MAN × NONVOL 的系数显著为负，这与本文的推断是一致的，即非自愿披露的公司提供的风险信息披露包含对投资者更有用的新信息。

④首次披露风险信息对 CDS 溢价的影响。本文比较信贷市场对首次披露和后续披露的风险信息的反应，预计公司首次披露风险信息将会引起市场更为强烈的反应，因为首次披露往往包含更多的市场新信息。实证结果表明，FIRST-MAN 的系数大小大约是 MANADJ 的 5 倍，在 1% 的水平上存在显著差异。

（3）稳健性检验

①事件研究法。为了缓解遗漏变量对本文结果造成的干扰，本文通过在短

时间内关注 CDS 溢价的变化，进行了事件研究分析。被解释变量 DSPRD3D 为以提交 10 - K 和 10 - Q 报告后的三天窗口期内 CDS 溢价的变化量，计算方法为窗口最后一天的 CDS 溢价除以（窗口第一天的 CDS 溢价 - 1）。实证结果表明，MAN 的系数显著为负，这进一步印证了风险信息披露能显著降低 CDS 溢价。

②PSM + DID 设计。企业财政期间的变化将导致公司首次披露风险信息的时间上略有不用，在披露时间上的这种微小变化可以在一定程度上减轻风险信息披露的宏观环境变化所造成的混淆效应。为了进一步缓解这种担忧，本文进行了 DID 测试，使用 2005 年不受美国证监会影响的加拿大公司作为对照组，使用 PSM 来构建匹配的样本。实证结果表明，MAN × TREAT 的系数显著为负。这一研究结果表明，与加拿大公司相比，强制披露风险信息之后，美国公司的 CDS 溢价显著下降。

③安慰剂检验。本文还使用 2004 财政年度作为伪年度进行安慰剂测试。实证结果表明，使用 2004 年度作为伪年度进行回归之后，MAN 与 SPREAD 的系数与零没有显著差异。这些结果印证了本文的实证结果。

10.4　税收相关的强制性风险信息披露，未来盈利能力和股票收益[①]

10.4.1　研究动机

从 2005 年开始，美国证券交易委员会（SEC）要求公司在其 10 - K 和 10 - Q 报告中加入风险信息披露，以反映“可能使公司陷入困境的重要因素”。前人文献表明，由于风险信息披露增加了投资者对公司未来现金流量波动性的感知能力，因此风险信息披露具有信息含量。然而，由股息贴现模型可知，风险信息披露对公司价值产生影响具有两种途径，一是通过影响投资者对公司未来现

① 本节内容据相关文献摘编，原文参见：John L. , Campbell, M. , Cecchini, A. , M. , Cianci, A. C. , Ehinger and E. , M. Werner. Tax - related mandatory risk factor disclosures, futureprofitability, and stock returns, Reviewof Accounting Studies, 2018。

金流量波动性的感知水平，二是通过影响公司未来现金流量。但前人文献并没有研究风险信息披露是否会对公司未来现金流量产生影响，并最终影响公司的价值。因此，本文通过研究以下两个问题来填补文献中的空白。首先，企业的风险信息披露是否会影响未来现金流量？第二，如果会产生影响，投资者的预期（如股票价格）反映了这种影响吗？

10. 4. 2 理论框架

关于税收风险信息披露水平与企业未来支付税款或现金流量之间的关系，存在三种可能的假说。第一种假说认为：税收风险信息披露水平增加，可能表明企业有动机在未来采取积极的税收筹划，从而导致未来实际税率的下降。因此，在控制了当年支付的税款之后，本文预计当年的税收风险信息披露与未来支付的税款（现金流量）呈负相关（正相关）关系。

第二种假说认为，税收风险信息披露水平的增加可能表明企业采取了激进的税收筹划，招致 IRS 的审查并导致额外的税收支出，比如罚款等因此，在控制了当年支付的税款之后，本文预计当年的税收风险信息披露与未来支付的税款（现金流量）呈正相关（负相关）关系。

第三种假说认为，税收风险信息披露与未来支付的税款（现金流量）之间可能没有关系。原因在于 IRS 的罚款支出与企业进行税收筹划节约的税收支出相互抵消，从而导致，将无法观察到税收风险信息披露与未来现金流量之间的关系。在这种情况下，税收风险信息披露会增加投资者对未来现金流量的不确定性的感知，但不会提供有关未来现金流量水平的任何信息。

本文预计，平均而言，税收风险信息披露可能表明管理层将采取合理的税收筹划，这将导致税收支出的下降或公司未来现金流量的增加。也就是说，本文并不认为税收风险因素披露反映了企业激进的税收筹划行为，从而导致企业价值的下降。因此，提出本文的假设 H1。

假设 H1：当期（t 期）的税收风险信息披露与未来（t + 1、t + 2、t + 3 期）支付的税款（现金流量水平）呈负相关（正相关）。

从假设 H1 可知，税收风险信息披露与未来现金流量水平正相关。本文预期未来现金流量水平的提高对企业价值的上升会大于由于权益资本成本的上升对企业价值下降带来的影响。因此，提出本文的假设 H2。

假设 H2：当年（t 期）的税收风险信息披露与当期（t 期）的股票收益正相关。

10.4.3 本文贡献

首先，前人文献表明，定量信息披露对企业价值的影响（Amir 1996；Bartov and Mohanram 2014）以及定量披露对公司风险评估的影响（Lang and Lundholm 1996；Botosan 1997；Francis et al.，2005a；Francis et al.，2005b；Ashbaugh - Skaife et al.，2009）。与税收风险具体相关的文献研究了定量税收信息披露对公司风险评估的影响（Hutchens and Rego 2015；Goh et al.，2016；Guenther et al.，2017）。本文首次研究了定性风险信息披露与未来现金流量之间的关系。先前的研究表明，定性披露可以更具前瞻性，因此，比定量信息披露具有更强的预测能力（Li，2006）。控制公司的定量信息披露水平后，研究表明，税收风险信息披露在投资者对公司进行估值时提供了增量信息，并且其信息含量也纳入了当前股票价格之中。

其次，本文对定性风险信息披露方面的文献做出了贡献。前人文献表明，风险信息披露增加了投资者对公司未来现金流的不确定性（或波动性）的评估（Kravet and Muslu，2013；Campbell et al.，2014；Hope et al.，2016）。然而，文献中没有提及风险信息披露是否提供有关公司未来现金流水平的信息，以及最终它们对公司价值的影响。本文的研究结果表明，税收风险信息披露不仅可以提供有关公司现金流量不确定性的信息，而且还有助于预测未来现金流量水平，从而有助于预测企业价值。更重要的是，本文的结果表明，税收风险信息披露与未来现金流量水平正相关，从而提升了企业价值。因此，企业所披露的税收风险是使企业价值上升的风险。

最后，本文的研究结果引起了投资者和监管机构的兴趣，研究结果表明，税收风险信息披露可以使投资者深入了解风险承担的成本和收益。此外，正如之前所述，SEC 于 2005 年要求公司定期披露风险因素。SEC 一直较为担心公司并未准确披露其公司特定的风险，而是提供“通用”和“令人头脑麻木的风险因素话语”（Johnson，2010）。通过提供税收风险信息披露与未来现金流量正相关的证据，本文向 SEC 提供实证证据，表明公司披露的风险信息具有增量信息含量。

10.4.4 研究设计

（1）样本选择

①为验证假设 H1 的样本选择

由于本文研究当前的税收风险信息披露对未来的现金流量水平的影响，因此，需要未来 1—3 年的数据。SEC 从 2005 年开始强制要求增加风险信息披露。因此，本文选择 2005—2010 年（2013 年的数据提前三年）的样本。首先，本文从 Compustat 数据库披露风险信息的所有公司开始选择，删除没有行业分类的公司年度观测值。然后，本文删除了税前收入小于 0 或者实际税收支出小于 0 的观测值，因为这些特殊观测值使对实际税率的解释变得困难，而亏损公司与盈利公司相比具有不同的税收报告和激励计划，如 Gupta 和 Newberry（1997）。其次，本文还删除了实际税率超过 1 的观测值（Dyreng et al.，2008）。最后，本文删除了控制变量缺失的观测值，最终得到 5813 个行业年度观测值。

②为验证假设 H2 的样本选择

首先，本文的初始样本为 Compustat 数据库中存在股票收益率数据的公司，并且要求这些公司具有风险信息披露数据和行业分类。其次，本文删除了具有税前收入或税收支出小于 0 的观察值以及实际税率超过 1 的公司。最后，本文删除 Compustat 中任何公司年度数据缺失的观测值，同时删除了控制变量缺失的观测值，最终得到 5505 个行业年度观测值。

（2）模型

$$\begin{aligned}\text{CashFlow}_{i,t+n} = {} & \beta_0 + \beta_1\text{TaxRiskLog}_{i,t} + \beta_2\text{CashFlow}_{i,t} + \beta_3\text{OtherTaxLog}_{i,t} \\ & + \beta_{4-9}\text{Controls}_{i,t} + \beta_{10-19}\text{TaxControls}_{i,t} \\ & + \text{industry and year effects} + \varepsilon_{i,t} \end{aligned} \tag{1}$$

模型（1）为了验证假设 H1，即当期（t 期）的税收风险信息披露与未来（t+1、t+2、t+3 期）支付的税款（现金流量水平）呈负相关（正相关）。

$$\begin{aligned}R_{i,t} = {} & \beta_0 + \beta_1\text{TaxRiskLog}_{i,t} + \beta_2\text{ROA}_{i,t} + \beta_3\Delta\text{ROA}_{i,t} + \beta_4\text{OtherTaxLog}_{i,t} \\ & + \beta_{5-9}\text{Controls}_{i,t} + \beta_{10-20}\text{TaxControls}_{i,t} + \text{firm and year effects} + \varepsilon_{i,t} \end{aligned} \tag{2}$$

模型（2）为了验证假设 H2，即当期（t 期）的税收风险信息披露与当期（t 期）的股票收益正相关。

（3）变量

被解释变量：$CashFlow_{i;t+n}$（n＝1，2，3）用两个指标来进行衡量。第一个为Cash_Taxes，等于现金支付的税款（TXPD）除以滞后一期的总资产（AT）。第二个为CETR，等于现金支付的税款（TXPD）除以税前收入（PI）减去特殊项目（SPI）。本文除了使用一年的CETR计算指标，还计算了t－2期到t期的三年平均CETR指标来替换一年测量值，以减少CETR年度测量值的变化所带来的影响（Dyreng et al.，2008）。

解释变量：TaxRiskLog，等于年报的风险信息披露当中所出现的有关税收风险关键词个数的自然对数。

10.4.5 实证分析

（1）主回归结果

利用模型（1）进行回归，当被解释变量为Cash_Taxes或CETR，β_1都显著为负。表明t期的风险信息披露会减少企业未来（t＋1、t＋2、t＋3期）的税款支出。验证了假设H1的正确性。

利用模型（2）进行回归，当被解释变量为年度持有报酬（buy－and－hold return）、使用CRSP的月度股票收益数据并经过市场调整后的回报以及经过规模调整后的回报时，β_1都显著为正。表明t期的风险信息披露会增加企业t期的股票回报率。验证了假设H2的正确性。

结合模型（1）与模型（2）的回归结果，本文发现税收风险信息会通过增加未来现金流量从而增加企业价值。也就是说，虽然税收风险信息披露增加了投资者对于未来风险的感知力度（权益资本成本），但税收风险信息披露对于企业价值的正向影响作用大于由于权益资本成本对企业价值的负向影响作用。

（2）进一步分析

①税收风险信息披露与未来几期股票的收益

本文在进一步分析当期（t期）的税收风险信息披露与未来的股票收益之间的关系。本文选取的时间窗口分别为：t年的三月至t＋2年的第二个月（一年的窗口期）；t年的三月至t＋3年的第二个月（两年的窗口期）。如果投资者对税收风险信息披露的信息反应不及时，可以预测随时时间窗口的延长，本文预期税收风险信息披露应该与股票收益的显著性增强。但实证结果表明，税收风险信息披露与股票收益（一年的窗口期或两年的窗口期）正相关，且显著性在不同的窗口期之间并没有显著差异。表明税收风险信息披露会提高股票收益，但并不会随着时间的延长提高收益水平。也就是说，投资者会对税收风险信息披露作出及时的反应。

②税收风险信息披露与权益资本成本

本书之前的结论表明，税收风险信息披露会产生正的未来现金流（假设H1）和公司价值（假设H2）的同期增长。也就是说，虽然税收风险信息披露增加了投资者对于未来风险的感知力度（权益资本成本），但税收风险信息披露对于企业价值的正向影响作用大于由于权益资本成本对企业价值的负向影响作用。然而，本文未严格关注公司的权益资本成本的变化，因此，本文对税收风险信息披露对权益资本成本的关系进行了分析［参照Campbell（2014）等］。研究发现税收风险信息披露与权益资本成本正相关。

③税收风险信息披露是否反映公司激进的税收筹划行为

通过假设H1与H2可知，由于税收风险信息披露增强了企业价值，可能说明税收风险信息披露表明企业合理的税收筹划行为。因此，本文进一步验证风险信息披露是否反映了企业合理的税收筹划还是激进的税收筹划行为。将模型（1）的被解释变量替换为CETR_Std（CETR的变化率）。合理的税收筹划行为不会导致CETR在未来几年发生较大的波动，但如果税收筹划行为是激进的，企业未来几年的CETR可能会发生较大的波动。因此，如果风险信息披露反映了企业合理的税收筹划行为，本文预期税收风险信息披露与CETR_Std不显著。回归结果证实了这一预测。因此，税收风险信息披露首先反映了企业目前面临的真实税收风险水平；其次，反映了企业面临的这些税收风险会增加企业未来的现金流量并增加企业的价值；最后，反映了企业所进行的税收筹划是合理的，而并非激进的。

④税务机关能不能感知税收风险信息披露当中所包含的信息含量

如果税收机关能够识别企业税收风险信息披露当中的信息含量，本文预期税收风险信息披露的增加会增加企业与税务机关的和解支出（比如税收罚款支出等）。为了验证此预期的正确性，将模型（1）的被解释变量替换为Settle（与和解支出相关的税收收益的下降除以滞后一期的总资产）。实证结果表明，税收风险信息披露与Settle显著正相关。也就是说，税务机关可以识别企业税收风险信息披露当中的信息。总的来说，虽然税收风险信息披露会增加企业的税收和解支出，但总体上会增加企业的现金流量并最终增加企业价值。

（3）稳健性检验

①本文的研究结果表明税收风险信息披露减少了未来的税款支出，但是否存在可能是由于企业其他的风险信息披露（如财务风险、法律风险等）导致企业未来税款支出的减少尚不明确。因此，为了解决这个问题，本文做了以下稳健性检验。第一，主成分分析：将税收风险信息披露、财务风险信息披露、特质性风险信息披露、法律风险信息披露、系统风险信息披露五个指标合成一个新指标，最终发现新指标只能解释税收风险信息披露的 40%，因此，说明了税收风险信息披露能够提供增量信息。第二，将其他四种风险信息披露（财务风险、特质性风险、法律风险、系统风险）加入模型（1）中作为控制变量。加入控制变量之后，TaxRiskLog 和 Cash_Taxes（CETR）之间依然存在显著的负显著关系。

②为了解决遗漏变量对本文结论产生的影响，本文将主回归模型（1）替换为差分模型，并且在模型（2）中加入公司、年度固定效应。其结果依然显著，证明了本文假设 H1 与 H2 的稳健性。

参考文献

[1] Albert L. Nagy. Section 404 compliance and financial reporting quality [J]. Accounting Horizons, 2010 (24), 441 –454.

[2] American Institute of Certified Public Accountants. Statements on auditing standards, 2012.

[3] Andrew Ellul and Vijay Yerramilli. Stronger Risk Controls, Lower Risk: Evidence from U. S. Bank Holding Companies [J]. The Journal of Finace, 2013, Vol. 5.

[4] Argyro Panaretou, Mark B. Shackleton, Paul A. Taylor. Corporate Risk Management and Hedge Accounting [J]. Contemporary Accounting Research, 2013, Vol. 30, No. 1, 116 –139.

[5] Arnold V., Benford T. S., Hampton C. et al. Enterprise risk management as a strategic governance mechanism in B2B –enabled transnational supply chains [J]. The journal of information systems, 2012, 26 (1): 51 –76.

[6] Arya A., Mittendorf B. Interacting supply chain distortions: The pricing of internal transfers and external procurement [J]. The Accounting Review, 2007, 82 (3): 551 –580.

[7] Arya A., Mittendorf B. Supply chains and segment profitability: How input pricing creates a latent cross –segment subsidy [J]. The Accounting Review, 2011, 86 (3): 805 –824.

[8] Ashbaugh Skaife, H., D. W. Collins and R. Lafond. The Effect of SOX Internal Control Deficiencies On Firm Risk and Cost of Equity [J]. Journal of Accounting Research, 2009, 47 (1): 1 –43.

[9] Bao, Y., Datta, A. Simultaneously Discovering and Quantifying Risk Types From Textual Risk Disclosures [J]. Management Science, 2014, 60: 1371 –1391.

[10] Baron, R, M, and D, A, Kenny. The Moderator –Mediator Variable Dis-

tinction in Social Psychological Research: Conceptual, Strategic, and Statistical Considerations [J]. Journal of Personality and Social Psychology, 1986, 51 (6): 1173 - 1182.

[11] Barry, C., Brown, S. Differential information and security market equilibrium [J]. Journal of Financial and Quantitative Analysis, 1985, 20: 407 - 422.

[12] Bell, T., F. Marrs, I. Solomon, and H. Thomas. Auditing Organizations through a Strategic Systems Lens: The KPMG Business Measurement Process [M]. Montvale, NJ: KPMG Peat Marwick, 1997.

[13] Bhattacharay, U., Daouk, H., Welker, M. The World Price of Earning Opacity [J]. The Accounting Review, 2003, 78: 641 - 678.

[14] Boot, A. W. A., Relationship Banking: What Do We Know? [J]. Journal of Financial Intermediation, 2000, 9 (1): 7 - 25.

[15] Botosan, C. A, Plumlee, M. A. Reexamination of Disclosure Level and the Expected Cost of Equity Capital [J]. Journal of Accounting Research, 2002 (40): 21 - 40.

[16] Brown, L, D. Earnings forecasting research: its implications for capital markets research [J]. International Journal of Forecasting, 1993, 9 (3): 295 - 320.

[17] Brown, S. V., X, Tian and J. W, Tucker, The Spillover Effect of SEC Comment Letters on Qualitative Corporate Disclosure: Evidence from the Risk Factor Disclosure [J]. Forthcoming Contemporary Accounting Research, 2018.

[18] Brown, S. V., Tucker, J. W. Large - Sample Evidence On Firms' Year - Over - Year MD&A Modifications [J]. Journal of Accounting Research, 2011, 49 (2): 309 - 346.

[19] Byard, D, and K, W, Shaw. Corporate Disclosure Quality and Properties of Analysts' Information Environment [J]. Journal of Accounting, Auditing & Finance, 2003, 18 (3): 355 - 378.

[20] Calomiris, C, W, and J, R, Mason. Contagion and Bank Failures during the Great Depression: The June 1932 Chicago Banking Panic [J]. American Economic Review, 1997, 87 (5): 863 - 883.

[21] Campbell, J. L., Chen, H., Dan, S. D, Lu, H., Steele, L. B. The

information content of mandatory risk factor disclosures in corporate filings [J]. Review of Accounting Studies, 2014, 19 (1): 396 -455.

[22] Campello, M. , C, Lin, Y, Ma and H, Zou. The Real and Financial Implications of Corporate Hedging [J]. Journal of Finance, 2011, 66 (5): 1615 - 1647.

[23] Caskey, J, A. Information in Equity Markets with Ambiguity - Averse Investors [J]. Review of Financial Studies, 2009, 22 (9): 3595 -3627.

[24] Clarkson, K. , Richardson G. Evidence that MD&A is a Part of a Firm's Overall Disclosure Package [J]. Contemporary Accounting Research, 1999 (1): 111 -134.

[25] Clement, M, B. Analyst forecast accuracy: Do ability, resources, and portfolio complexity matter? [J]. Journal of Accounting & Economics, 1999, 27 (3): 285 -303.

[26] Core, J. , A review of the empirical disclosure literature: discussion [J]. Journal of Accounting and Economics, 2001, 31: 441 -456.

[27] Core, J. E. , W. Guay, D. F. Larcker. The Power of the Pen and Executive Compensation [J]. Journal of Financial Economics, 2008, 88 (1): 1 -25.

[28] Costello A. M. , Mitigating incentive conflicts in inter - firm relationships: Evidence from long - term supply contracts [J]. Journal of Accounting and Economics, 2013, 56 (1): 19 -39.

[29] Dang, T. L. , F. Moshirian, B. Zhang. Commonality in News Around the World [J]. Journal of Financial Economics, 2015, 116 (1): 82 -110.

[30] Daphne Lui, Stanimir Markov, and Ane Tamayo. Equity Analysts and the Market's Assessment of Risk [J]. Journal of Accounting Research, 2012, Vol. 50, No. 5.

[31] Davis, A. K. , J. M. Piger, L. M. Sedor. Beyond the Numbers: Measuring the Information Content of Earnings Press Release Language [J]. Contemporary Accounting Research, 2012, 29 (3): 845 -868.

[32] DeAngelo, H. , L. DeAngelo, S. C. Gilson. Perceptions and the Politics of Finance: Junk Bonds and the Regulatory Seizure of First Capital Life [J]. Journal of Financial Economics, 1996, 41 (3): 475 -511.

[33] De Fond M. L. , Hung M. , Li S. et al. Does Mandatory IFRS Adoption Affect Crash Risk ? [J]. The Accounting Review, 2015, 90 (1): 265 –299.

[34] Demirakos, E, G. , N, C, Strong and M, Walker. What Valuation Models Do Analysts Use? [J]. Accounting Horizons, 2004, 18 (4): 221 –240.

[35] Desai M. A. , Dharmapala D. Corporate tax avoidance and high – powered incentives [J]. Journal of Financial Economics, 2006, 79 (1): 145 –179.

[36] Dhaliwal D. , Judd J. S. , Serfling M. et al. Customer concentration risk and the cost of equity capital [J]. Journal of Accounting and Economics, 2015.

[37] Dhaliwal, D. S. , O. Z. Li, A. Tsang and Y. G. Yang. Voluntary Nonfinancial Disclosure and the Cost of Equity Capital: The Initiation of Corporate Social Responsibility Reporting [J]. The Accounting Review, 2011, 86 (1): 59 –100.

[38] Diamond, D. W. and R. E. Verrecchia. Disclosure, Liquidity, and the Cost of Capital [J]. The Journal of Finance, 1991, 46 (4): 1325 –1359.

[39] Diether, K. B. , C. J. Malloy and A. Scherbina. Differences of Opinion and the Cross Section of Stock Returns [J]. The Journal of Finance, 2002, 57 (5): 2113 –2141.

[40] Dou Y. , Hope O. , Thomas W. B. , Relationship – Specificity, Contract Enforceability, and Income Smoothing [J]. The Accounting Review, 2013, 88 (5): 1629 –1656.

[41] Drago, D, and R, Gallo, Do Multiple Credit Ratings Affect Syndicated Loan Spreads? [M]. Social Science Electronic Publishing, 2018.

[42] Drake A. R. , Haka S. F. , Does ABC information exacerbate hold – up problems in buyer – supplier negotiations? [J]. The Accounting Review, 2008, 83 (1): 29 –60.

[43] Dyck, A. & L. Zingales. The Corporate Governance Role of the Media [M]. The Right to Tell: The Role of Mass Media in Economic Development, 2002: 107 –137.

[44] Dyck, A. & L. Zingales. The Bubble and the Media [M]. Corporate Governance and Capital Flows in a Global Economy, 2003: 83 –104.

[45] Dyck, A. & L. Zingales. Private Benefits of Control: An International Comparison [J]. The Journal of Finance, 2004, 59 (2): 537 –600.

[46] Dyck, A., A. Morse, L. Zingales. Who Blows the Whistle On Corporate Fraud? [J]. The Journal of Finance, 2010, 65 (6): 2213 -2253.

[47] Dyck, A., N. Volchkova, L. Zingales. The Corporate Governance Role of the Media: Evidence From Russia [J]. The Journal of Finance, 2008, 63 (3): 1093 -1135.

[48] Dye, R. A. Disclosure of Non - Proprietary Information [J]. Journal of Accounting Research, 1985, 23 (1): 123 -145.

[49] Easley, David, O'Hara. Mareen. Information and the cost of capital [J]. The Journal of Finance, 2004, 59: 1553 -1583.

[50] Easterwood, J. C, and S. R, Nutt. Inefficiency in Analyst's Earnings Forecasts: Systematic Misreaction or Systematic Optimism? [J]. Journal of Finance, 1999, 54 (5): 1777 -1797.

[51] Easton, P, D. PE Ratios, PEG Ratios, and Estimating the Implied Expected Rate of Return On Equity Capital [J]. Accounting Review, 2003, 79 (1): 73 -95.

[52] Edward J. Riedl, and George Serafeim. Information Risk and Fair Values: an Examination of Equity Betas [J]. Journal of Accounting Research, 2011, Vol. 49, No. 4.

[53] Efthimios G. Demirakos, Norman C. Strong, and Martin Walker. What Valuation Models Do Analysts Use? [J]. Accounting Horizons, 2004, Vol. 18, No. 4: 221 -240.

[54] Elliott, W, B., K, M, Rennekamp and B, J, White. The Paradoxical Effects of Directional Goals on Investors' Risk Perceptions and Valuation Judgments [R]. working paper, 2015.

[55] Elmy, F, J., L, P, Leguyader and T, J, Linsmeier. A Review of Initial Filings under the SEC's New Market Risk Disclosure Rules [J]. Journal of Corporate Accounting & Finance, 1998, 9 (4): 33 -45.

[56] E. Han Kim, Yao Lu. CEO ownership, external governance, and risk - taking [J]. Journal of Financial Economics, 2011, 102: 272 -292.

[57] Epstein, L. G. and M. Schneider. Ambiguity, Information Quality, and Asset Pricing [J]. Journal of Finance, 2008, 63 (1): 197 -228.

[58] Eriksson, T., Executive Compensation and Tournament Theory: Empirical Tests on Danish Data [J]. Journal of Labor Economics, 1999, 17 (2): 262 - 280.

[59] Fanning, K., C. P. Agoglia and M. D. Piercey. Unintended Consequences of Lowering Disclosure Thresholds [J]. The Accounting Review, 2014, 90 (1): 301 - 320.

[60] Fee C. E., Thomas S. Sources of gains in horizontal mergers: evidence from customer, supplier, and rival firms [J]. Journal of Financial Economics, 2004, 74 (3): 423 - 460.

[61] Feldman, R., GovinDAraj, S., Livnat J. Management's tonechange, post earnings announcement drift and accruals [J]. Review of Accounting Studies, 2010, 15 (4): 915 - 953.

[62] Ferreira, M. A. & P. A. Laux. Corporate Governance, Idiosyncratic Risk, and Information Flow [J]. The Journal of Finance, 2007, 62 (2): 951 - 989.

[63] Filzen, J. J. and K. Peterson. Financial Statement Complexity and Meeting Analysts' Expectations [J]. Contemporary Accounting Research, 2015, 32 (4): 1560 - 1594.

[64] Filzen, J, J. The Information Content of Risk Factor Disclosures in Quarterly Reports [J]. Accounting Horizons, 2015, 29 (4): 887 - 916.

[65] Firth, M., C, Lin, P, Liu and Y, Xuan. The Client Is King: Do Mutual Fund Relationships Bias Analyst Recommendations? [J]. Journal of Accounting Research, 2013, 51 (1): 165 - 200.

[66] Fox, M. B., R. Morck, B. Yeung, A. Durnev. Law, Share Price Accuracy, and Economic Performance: The New Evidence [J]. Michigan Law Review, 2003, 102 (3): 331 - 386.

[67] Francis J. R., Michas P. N., The Contagion Effect of Low - Quality Audits [J]. The Accounting Review, 2012, 88 (2): 521 - 552.

[68] Francis,J. R., La Fond, P., Olsson, M., Schipper, K. Voluntary Disclosure, Earnings Quality, and Cost of Capital [J]. Journal of Accounting Research, 2008, 46 (1): 53 - 99.

[69] Francisco Perez - GonzaLez and Hayong Yun. Risk Management and Firm

Value: Evidence from Weather Derivatives [J]. The Journal of Finace, 2013, Vol. LXⅧ, No. 5.

[70] Frankel, R. & X. Li. Characteristics of a Firm's Information Environment and the Information Asymmetry Between Insiders and Outsiders [J]. Journal of Accounting and Economics. 2004, 37 (2): 229 -259.

[71] Froot, Kenneth A., David S. Scharfstein, and Jeremy C. Stein. Risk management: Coordinating corporate investment and financing policies [J]. The Journal of Finance, 1993, 48: 1629 -1658.

[72] Garfinkel, S, N., A, K, Seth, A, B, Barrett, K, Suzuki and H, D, Critchley. Knowing Your Own Heart: Distinguishing Interoceptive Accuracy From Interoceptive Awareness [J]. Biological Psychology, 2015, 104 (1): 65 -74.

[73] Gary C. Biddle, Gilles Hilary, Rodrigo S. Verdi. How does financial reporting quality relate to investment efficiency? [J]. Journal of Accounting and Economics, 2009.

[74] Gilbert, R, A, and M, D, Vaughan. Does the Publication of Supervisory Enforcement Actions Add to Market Discipline? [J]. Research in Financial Services: Public and Private Policy, 1998, 10: 259 -280.

[75] Graham, JohnR., and Daniel A. Rogers. Do firms hedge in response to tax incentives? [J]. The Journal of Finance, 2002, 70, 423 -461.

[76] Hasan, I., et al. Social Capital and Debt Contracting: Evidence from Bank Loans and Public Bonds [J]. Journal of Financial & Quantitative Analysis, 2017, 53 (3): 1017 -1047.

[77] Healy, P., Palepu, K. Information asymmetry, corporate disclosure, and the capital markets: A review of the empirical disclosure literature [J]. Journal of Accounting and Economics, 2001, 31, 405 -440.

[78] Heinle, M, S, and K, Smith. A Theory of Risk Disclosure [R]. working paper, 2015.

[79] Hollisas Hbaugh -skaife, Daniel W. Collins, William R. Kinney, and Ryan Lafond. The Effect of SOX Internal Control Deficiencies on Firm Risk and Cost of Equity [J]. Journal of Accounting Research, 2009, Vol. 47, No. 1.

[80] Hong, Harrison and Jeffrey D. Kubik. Analyzing the Analysts: Career Con-

cerns and Biased Earnings Forecasts, The Journal of Finance, 2003, 58, 313 – 351.

[81] Hope, O. K., D, Hu and H, Lu, The benefits of specific risk – factor disclosures. Review of Accounting Studies, 2016, 21 (4): 1005 – 1045.

[82] Hui Chen. Macroeconomic Conditions and the Puzzles of Credit Spreads and Capital Structure, The Journal of Finance, 2010, Vol. LXV, No. 6.

[83] Gopal V. Krishnan, Lili Sun, Qian Wang, and Rong Yang. Client Risk Management: A Pecking Order Analysis of Auditor Response to Upward Earnings Management Risk, Auditing: a Journal of Practice & Theory, 2013, Vol. 32, No. 2: 147 – 169.

[84] Larcker D. F., Zakolyukina A. A. Detecting Deceptive Discussions in Conference Calls [J]. Journal of Accounting Research, 2012, 50 (2): 495 – 540.

[85] Leland, Hayne, E. Agency costs, risk management, and capital structure, The Journal of Finance, 1998, 53: 1213 – 1243.

[86] Li, F. The Information Content of Forward – Looking Statements in Corporate Filings – A Nave Bayesian Machine Learning Approach [J]. Journal of Accounting Research, 2010, 48 (5): 1049 – 1102.

[87] Muslu, V., Radha, krishnan, S., Subramanyam, K. R., Lim, D. Forward – Looking MD&A Disclosures and the Information Environment [J]. Management Science, 2014, 61 (5): 931 – 948.

[88] Jacob M. Rose, Carolyn Strand Norman, Anna M. Rose. Perceptions of Investment Risk Associated with Material Control Weakness Pervasiveness and Disclosure Detail, The accounting review, 2010, 85 (5), 1787 – 1807.

[89] Jensen, M, C, and W, H, Meckling. Theory of the Firm: Managerial Behavior, Agency Costs and Ownership Structure. Journal of Financial Economics, 1976: 3 (4): 305 – 360.

[90] Jiménez, G., et al. Credit Supply and Monetary Policy: Identifying the Bank Balance – Sheet Channel with Loan Applications, American Economic Review, 2012, 102 (5): 2301 – 2326.

[91] Johnstone, K. M. Client acceptance decisions: simultaneous effects of client business risk, audit risk, and risk adaptation, Auditing: A Journal of Practice & Theory (Spring), 2000: 1 – 25.

[92] Julia Grant, Garen Markarian, Antonio Parbonetti. CEO Risk – Related Incentives and Income Smoothing. Contemporary Accounting Research, 2009, Vol. 26 No. 4: 1029 – 1065.

[93] Kaplan, R, S. Accounting Scholarship that Advances Professional Knowledge and Practice. The Accounting Review, 2011, 86 (2): 367 – 383.

[94] Kenton K. Yee. Earnings Quality and the Equity Risk Premium: A Benchmark Model. Contemporary Accounting Research, 2006, Vol. 23, No. 3: 833 – 877.

[95] Kim, O. and R. E. Verrecchia. Trading Volume and Price Reactions to Public Announcements. Journal of Accounting Research, 1991, 29 (2): 302 – 321.

[96] Kim J., Li Y, Zhang L., CFOs versus CEOs: Equity incentives and crashes. Journal of Financial Economics, 2011, 101 (3): 713 – 730.

[97] Kim J., Li Y., Zhang L., Corporate tax avoidance and stock price crash risk: Firm – level analysis. Journal of Financial Economics, 2011, 100 (3): 639 – 662.

[98] Kim J., Srinidhi B., Zhang H., Do Qualitative Aspects of Customers' Forward – Looking Information Matter for Suppliers' Performance? Evidence from a Textual Analysis of Management Forecast Reports, Working Paper, 2015.

[99] Kim J., Zhang L., Accounting Conservatism and Stock Price Crash Risk: Firm – level Evidence. Contemporary Accounting Research, 2015.

[100] Kim Y, H, Henderson D., Financial benefits and risks of dependency in triadic supply chain relationships. Journal of Operations Management, 2015, 36: 115 – 129.

[101] Kim Y., Li H., LiS., Corporate social responsibility and stock price crash risk. Journal of Banking & Finance, 2014, 43: 1 – 13.

[102] Kim Y. H., Wemmerlov U., Does a Supplier's Operational Competence Translatein to Financial Performance? An Empirical Analysis of Supplier – Customer Relationships, Decision Sciences, 2014.

[103] Knechel, W. R. The business risk audit: Origins and obstacles (and opportunities)? Accounting, Organizations and Society, 2007, 32 (4/5), 383 – 408.

[104] Kothari, S, P., S, Shu and P, D, Wysocki. Do Managers Withhold Bad News? Journal of Accounting Research, 2009, 47 (1): 241 – 276.

[105] Kothari, S, P. , X, Li and J, E, Short. The Effect of Disclosures by Management, Analysts, and Business Press On Cost of Capital, Return Volatility, and Analyst Forecasts: A Study Using Content Analysis. The Accounting Review, 2009, 84 (5): 1639 - 1670.

[106] Kravet, T, and V, Muslu. Textual Risk Disclosures and Investors' Risk Perceptions. Review of Accounting Studies, 2013, 18 (4): 1088 - 1122.

[107] Krishnan, G. V. Did earnings conservatism increase for former Andersen clients? Journal of Accounting, Auditing and Finance, 2007, 3: 209 - 228.

[108] Krishnan, G. , and G. Visvanathan. Do auditors price audit committee's expertise? The case of accounting versus non - accounting financial experts, Journal of Accounting, Auditing & Finance, 2009, 24 (1), 15 - 144.

[109] Krishnan, J. and J. , Krishnan. Litigation risk and auditor resignations, The Accounting Review, 1997, 72: 539 - 560.

[110] Krishnan R. , Miller F. , SedatoleK. , The Use of Collaborative Interfirm Contracts in the Presence of Task and Demand Uncertainty, Contemporary Accounting Research, 2011, 28 (4): 1397 - 1422.

[111] Kuhnen, C. M. & A. Niessen. Public Opinion and Executive Compensation. Management Science, 2012, 58 (7): 1249 - 1272.

[112] Lambert, R. , C, Leuz and R, E, Verrecchia. Accounting Information, Disclosure, and the Cost of Capital. Journal of Accounting Research, 2007, 45 (2): 385 - 420.

[113] Lang, M. , K, V, Lins and M, Maffett. Transparency, Liquidity, and Valuation: International Evidence on When Transparency Matters Most. Journal of Accounting Research, 2012, 50 (3): 729 - 774.

[114] Mayers, D. , and C. W. Smith. On the corporate demand for insurance. The Journal of Business, 1982, 55 (2): 281 - 290.

[115] Mcewen, R, A, and J, E. Hunton. Is Analyst Forecast Accuracy Associated With Accounting Information Use? Accounting Horizons, 1999, 13 (1): 1 - 16.

[116] Merton, Robert C. A Simple Model of Capital Market Equilibrium with Incomplete Information. The Journal of Finance, 1987, 42: 483 - 510.

[117] Mikhail, M, B., B, R, Waither and R, H, Willis. Does Forecast Accuracy Matter to Security Analysts? Accounting Review, 1999, 74 (2): 185.

[118] Mikhail, M, B., B, R, Walther and R, H, Willis. Security Analyst Experience and Post – Earnings – Announcement Drift. Journal of Accounting, Auditing & Finance, 2003, 18 (4): 529 – 550.

[119] Modigliani, Franco, and Merton H. Miller. The cost of capital, corporation finance and the theory of investment. American Economic Review, 1958, 48: 261 – 297.

[120] Murillo Campello, Chen Lin, Yue Ma, and Hong Zou. The Real and Financial Implications of Corporate Hedging. The Journal of Finance, 2011: 1615 – 1647.

[121] Narjess Boubakri, Jean – Claude Cosset, Walid Saffar. The role of state and foreign owners in corporate risk – taking: Evidence from privatization. Journal of Financial Economics, 2013, 108: 641 – 658.

[122] Ng, J. The effect of information quality on liquidity risk. Journal of Accounting and Economics, 2011.

[123] Nichols, D, C., J, M, Wahlen and M, M, Wieland. Publicly Traded Versus Privately Held: Implications for Conditional Conservatism in Bank Accounting. Review of Accounting Studies, 2009, 14 (1): 88 – 122.

[124] Noelo, Sullivan. Board Characteristies and Audit Pricing Post – Cadbury: a Research Note. The European Accounting Review, 1999 (8): 253 – 263.

[125] Ohlson, J, A, and B, E, Juettner – Nauroth. Expected EPS and EPS Growth as Determinants of Value. Review of Accounting Studies, 2005, 10 (2): 349 – 365.

[126] Peter Mackay and Sarab Moeller The Value of Corporate Risk Management. The Journal of Finace, 2007, Vol. LXII, No. 3.

[127] Parkash, M., D, S, Dhaliwal and W, K, Salatka. How certain firm – specific characteristics affect the accuracy and dispersion of analysts' forecasts. Journal of Business Research, 1995, 34 (3): 161 – 169.

[128] Pierre, K. and J. A. Anderson. An analysis of the factors associated with lawsuits against public accounts. The Accounting Review, 1984, 59: 242 – 263.

[129] Rahman, A., et al. Collateral requirements for SME loans: empirical evidence from the Visegrad countries. Journal of Business Economics & Management, 2018, 18 (4): 650 - 675.

[130] Ravi, R, and Y, Hong. Firm Opacity and Financial Market Information Asymmetry. Journal of Empirical Finance, 2014, 25: 83 - 94.

[131] Robert M. Bushmana, Abbie J. Smith. Financial accounting information and corporate governance. Journal of Accounting and Economics, 2001, 32: 237 - 333.

[132] Roulstone, D, T. Effect of SEC Financial Reporting Release No. 48 On Derivative and Market Risk Disclosures. Accounting Horizons, 1999, 13 (4): 343 - 363.

[133] Ryan Baxter, Jean C. Bedard, Rani Hoitash, Ari Yezegel. Enterprise Risk Management Program Quality: Determinants, Value Relevance, and the Financial Crisis. Contemporary Accounting Research, 2013, Vol. 30, No. 4: 1264 - 1295.

[134] Schrand, C, M, and J, A, Elliott. Risk and Financial Reporting: A Summary of the Discussion at the 1997 AAA/FASB Conference. Accounting Horizons, 1998, 12 (3): 271.

[135] Skinner, D. Why firms voluntarily disclose bad news. Journal of Accounting Research, 1994, 32: 38 - 61.

[136] Slovic, P., B, Fischhoff and S, Lichtenstein. Facts and Fears: Understanding Perceived Risk. Societal Risk Assessment: How Safe is Safe Enough, 1980, 4: 181 - 214.

[137] Smith, C. W., and R. M. Stulz. The determinant of firms' hedging policies. Journal of Financial and Quantitative Analysis, 1985, 20 (4): 391 - 402.

[138] Smith, Clifford W., and Ren'e Stulz. The determinants of firms' hedging policies. Journal of Financial and Quantitative Analysis, 1985, 28: 391 - 405.

[139] Solomon, J, F., A, Solomon, S, D, Norton and N, L, Joseph. A Conceptual framework for corporate risk disclosure emerging from the agenda for corporate governance reform. The British Accounting Review, 2000, 32 (4): 447 - 478.

[140] Stiglitz, J. E, and A, Weiss, Credit Rationing in Markets with Imperfect Information [J]. American Economic Review, 1981, 71 (3): 393 - 410.

[141] Sun, Y. Do MD&A Disclosures Help Users Interpret Disproportionate IN-

Ventory Increases [J]. The Accounting Review, 2010, 85: 1411 - 1440.

[142] Tang, D, Y, and H, Yan. Market conditions, default risk and credit spreads [J]. Journal of Banking & Finance, 2010, 34 (4): 724 - 734.

[143] Tetlock, P. C. Giving Content to Investor Sentiment: The Role of Media in the Stock Market [J]. Journal of Finance, 2007, 62 (3): 1139 - 1168.

[144] Tetlock, P. C., Saar - Tsechansky M., Macskassy S. More Than Words: Quantifying Language to Measure Firms' Fundamentals [J]. Journal of Finance, 2008, 63 (3): 1437 - 1467.

[145] Vicki Wei Tang. Isolating the effect of disclosure on information risk. Journal of Accounting and Economics, 2011, 52: 81 - 99.

[146] Verrecchia, R. Essays on disclosure. Journal of Accounting and Economics, 2011, 32, 97 - 180.

[147] Welker, M. Disclosure Policy, Information Asymmetry, and Liquidity in Equity Markets [J]. Contemporary Accounting Research, 1995, 11 (2): 801 - 827.

[148] Xiao Lu Wang, Kan Shi, Hong Xia Fan Psychological mechanisms of investors in Chinese Stock Markets [J]. Journal of Economic Psychology, 2006 (27): 762 - 780.

[149] Yang B. The Impact of Textual Corporate Risk Disclosure on Risk Perception of Investors, 2012.

[150] Yu Flora Kuang, Bo Qin. Credit Ratings and CEO Risk - Taking Incentives [J]. Contemporary Accounting Research, 2013, Vol. 30, No. 4: 1524 - 1559.

[151] 白晓宇. 上市公司信息披露政策对分析师预测的多重影响研究 [J]. 金融研究, 2009, 4: 92 - 112.

[152] 陈继萍. 独立董事辞职对个体投资者风险感知与投资决策的影响: 一项实验证据 [J]. 中国注册会计师, 2013 (5).

[153] 程新生, 刘建梅, 程悦. 相得益彰抑或掩人耳目: 盈余操纵与 MD&A 中非财务信息披露 [J]. 会计研究, 2015 (8): 11 - 20.

[154] 邓传洲, 李正. 论非金融类公司年度报告中的风险信息披露 [J]. 会计研究, 2003, 8: 19 - 22.

[155] 方军雄．我国上市公司信息披露透明度与证券分析师预测［J］．金融研究，2007，6：136－148.

[156] 高强，邹恒甫．企业债与公司债二级市场定价比较研究［J］．金融研究，2015（1）：84－100.

[157] 管总平，黄文锋．证券分析师特征、利益冲突与盈余预测准确性［J］．中国会计评论，2012，4：371－394.

[158] 郭飞．外汇风险对冲和公司价值：基于中国跨国公司的实证研究［J］．经济研究，2012（9）：18－31.

[159] 黄波，李湛，顾孟迪．基于风险偏好资产定价模型的公司特质风险研究［J］．管理世界，2006（11）：119－127.

[160] 江伟，曾业勤．金融发展、产权性质与商业信用的信号传递作用［J］．金融研究，2013（6）：89－103.

[161] 金智．社会规范、财务报告质量与权益资本成本［J］．金融研究，2013（2）：194－206.

[162] 靳庆鲁，孔祥，侯青川．货币政策、民营企业投资效率与公司期权价值［J］．经济研究，2012（5）：96－106.

[163] 李常青，魏志华，吴世农．半强制分红政策的市场反应研究［J］．经济研究，2010（3）：144－155.

[164] 李丹，贾宁．盈余质量、制度环境与分析师预测［J］．中国会计评论，2009，4：351－370.

[165] 李丽青．新财富，评选的最佳分析师可信吗？——基于盈利预测准确度和预测修正市场反应的经验证据［J］．投资研究，2012，7：54－64.

[166] 李涛．国有股权、经营风险、预算软约束与公司业绩：中国上市公司的实证发现［J］．经济研究，2005，7：77－89.

[167] 李文贵，余明桂．所有权性质、市场化进程与企业风险承担［J］．中国工业经济，2012（12）：115－127.

[168] 李琳，刘凤委，卢文彬．基于公司业绩波动性的股权制衡治理效应研究［J］．管理世界，2009（5）：145－151.

[169] 李焰，陈才东，姜付秀．集团化运作与企业财务风险——基于中国上市集团公司的经验证据［J］．中国会计评论，2008（4）：385－404.

[170] 李维安，张立党，张苏．公司治理、投资者异质信念与股票投资风

险——基于中国上市公司的实证研究 [J]. 南开管理评论, 2012 (6): 135-146.

[171] 李燕媛, 张蝶. 我国上市公司"管理层讨论与分析"信息鉴证: 三重困境及对策建议 [J]. 审计研究, 2012 (5): 86-91.

[172] 李志军, 王善平. 货币政策、信息披露质量与公司债务融资 [J]. 会计研究, 2011 (10): 56-62+97.

[173] 毛新述, 叶康涛, 张頔. 上市公司权益资本成本的测度与评价——基于我国证券市场的经验检验 [J]. 会计研究, 2012 (11): 12-22.

[174] 潘莉, 徐建国. A 股市场的风险与特征因子 [J]. 金融研究, 2011 (10).

[175] 权小锋, 吴世农. CEO 权力强度、信息披露质量与公司业绩的波动性——基于深交所上市公司的实证研究 [J]. 南开管理评论, 2010 (4): 142-153.

[176] 饶品贵, 姜国华. 货币政策波动、银行信贷与会计稳健性 [J]. 金融研究, 2011, 369 (3): 51-71.

[177] 时勘, 范红霞, 许均华, 李启亚, 付龙波. 个体投资者股市风险认知特征的研究 [J]. 管理科学学报, 2005, 8 (6).

[178] 石予友, 仲伟周, 马骏, 陈燕. 股票的权益比、账面市值比及其公司规模与股票投资风险——以上海证券市场的 10 只上市公司股票投资风险为例 [J]. 金融研究, 2008 (6).

[179] 孙铮, 李增泉, 王景斌. 所有权性质、会计信息与债务契约——来自我国上市公司的经验证据 [J]. 管理世界, 2006 (10): 100-107+149.

[180] 唐清泉, 罗党论. 风险感知力与独立董事辞职行为研究——来自中国上市公司的经验 [J]. 中山大学学报 (社会科学版), 2007 (1).

[181] 王玉涛, 王彦超. 业绩预告信息对分析师预测行为有影响吗? [J]. 金融研究, 2012, 6: 193-206.

[182] 王雄元, 高曦. 年报风险信息披露与权益资金成本 [J]. 金融研究, 2018 (1): 174-190.

[183] 王雄元, 李岩琼, 肖忞. 年报风险信息披露有助于提高分析师预测准确度吗? [J]. 会计研究, 2017 (10): 37-43.

[184] 王雄元, 张春强, 何捷. 宏观经济波动性与短期融资券风险溢价

[J]. 金融研究，2015 (1)：68 –83.

[185] 王艳艳，于李胜，安然. 非财务信息披露是否能够改善资本市场信息环境？——基于社会责任报告披露的研究 [J]. 金融研究，2014 (8)：178 –191.

[186] 温忠麟，叶宝娟. 中介效应分析：方法和模型发展 [J]. 心理科学进展，2014 (5)：731 –745.

[187] 吴世农，许年行. 资产的理性定价模型和非理性定价模型的比较研究——基于中国股市的实证分析 [J]. 经济研究，2004 (6)：105 –116.

[188] 吴锡皓，胡国柳. 不确定性、会计稳健性与分析师盈余预测 [J]. 会计研究，2015，9：27 –34.

[189] 吴运建，商行. 上证 A 股上市公司年报中风险信息的价值研究 [J]. 财经问题研究，2013 (6)：66 –73.

[190] 谢德仁，林乐. 管理层语调能预示公司未来业绩吗 [J]. 会计研究，2015 (2)：20 –29.

[191] 谢盛纹，陶然. 年报预约披露推迟、分析师关注与股价崩盘风险 [J]. 会计与经济研究，2017 (1)：3 –19.

[192] 熊家财，苏冬蔚. 股票流动性与代理成本——基于随机前沿模型的实证研究 [J]. 南开管理评论，2016 (1)：84 –96.

[193] 姚颐，赵梅. 中国式风险披露，披露水平与市场反应 [J]. 经济研究，2016，51 (7)：158 –172.

[194] 尹志宏，姜付秀，秦义虎. 产品市场竞争、公司治理与信息披露质量 [J]. 管理世界，2010 (1)：133 –188.

[195] 余明桂，李文贵，潘红波. 管理者过度自信与企业风险承担 [J]. 金融研究，2013 (1).

[196] 于富生，张敏，姜付秀，任梦杰. 公司治理影响公司财务风险吗? [J]. 会计研究，2008 (10).

[197] 袁卫秋，刘春江. 利率变动与企业短期债务结构——基于我国制造业上市公司的经验分析 [J]. 会计与经济研究，2013 (2)：29 –39.

[198] 周宏，徐兆铭，彭丽华，杨萌萌. 宏观经济不确定性对中国企业债券信用风险的影响——基于 2007—2009 年月度面板数据 [J]. 会计研究，2011 (12).

[199] 赵刚，梁上坤，王玉涛．会计稳健性与银行借款契约——来自中国上市公司的经验证据 [J]．会计研究，2014 (12)：18 -24 +95.

[200] 赵静梅，申宇．投资者认知风险被市场定价了吗——来自中国资本市场的证据 [J]．财贸经济，2011 (10).

[201] 薛爽，肖泽忠，潘妙丽．管理层讨论与分析是否提供了有用信息？——基于亏损上市公司的实证探索 [J]．管理世界，2010 (5)：130 -140.

[202] 邢立全，陈汉文．产品市场竞争、竞争地位与审计收费——基于代理成本与经营风险的双重考量 [J]．审计研究，2013 (3)：50 -58.

[203] 曾颖，陆正飞．信息披露质量和股权融资成本 [J]．经济研究，2006 (2)：69 -79.

[204] 张继勋，周冉，孙鹏．内部控制披露、审计意见、投资者的风险感知和投资决策：一项实验证据 [J]．会计研究，2001 (9).

[205] 赵良玉，李增泉，刘军霞．管理层偏好、投资评级乐观性与私有信息获取 [J]．管理世界，2013，4：33 -45.

[206] 周宏，林晚发，李国平，王海妹．信息不对称与企业债券信用风险估价——基于2008—2011年中国企业债券数据 [J]．会计研究，2012 (12).

[207] 周开国，应千伟，陈晓娴．媒体关注度、分析师关注度与盈余预测准确度 [J]．金融研究，2014 (2)：139 -152.

[208] 朱红军，付宇翔，吕沁，赵宇龙．企业偿付能力对债务资本成本的影响——基于保险公司发行次级债的实证研究 [J]．金融研究，2014 (1)：139 -151.